融媒时代新闻传播发展与变革研究

晁晓峰 著

北京工业大学出版社

图书在版编目（CIP）数据

融媒时代新闻传播发展与变革研究 / 晁晓峰著. —北京：北京工业大学出版社，2022.1
ISBN 978-7-5639-8262-2

Ⅰ. ①融… Ⅱ. ①晁… Ⅲ. ①传播媒介－研究 Ⅳ. ① G206.2

中国版本图书馆 CIP 数据核字（2022）第 026920 号

融媒时代新闻传播发展与变革研究

RONGMEI SHIDAI XINWEN CHUANBO FAZHAN YU BIANGE YANJIU

著　　者： 晁晓峰
责任编辑： 任军锋
封面设计： 知更壹点
出版发行： 北京工业大学出版社
（北京市朝阳区平乐园 100 号　邮编：100124）
010-67391722（传真）　bgdcbs@sina.com
经销单位： 全国各地新华书店
承印单位： 唐山市铭诚印刷有限公司
开　　本： 710 毫米 ×1000 毫米　1/16
印　　张： 11.25
字　　数： 225 千字
版　　次： 2023 年 4 月第 1 版
印　　次： 2023 年 4 月第 1 次印刷
标准书号： ISBN 978-7-5639-8262-2
定　　价： 72.00 元

作者简介

晁晓峰，毕业于南京师范大学，影视学博士。现就职于南通大学，讲师，中国视协电视纪录片学术委员会会员。研究方向：新闻传播理论、影视艺术。主持省级创新项目一项、校级教学改革项目一项，发表核心论文多篇。

前　言

随着时代的发展，从传统的纸质媒体到互联网时代的新媒体，再到人人可成为的自媒体，最后形成当前的融媒时代，无一不昭示着科技的强大和社会发展的迅速。在信息传播便捷的今日，人们获取新闻的方式也更加多样，打开手机就能得知社会发生的重大事件，各种信息的传播对新闻价值造成了一定的冲击。基于此，本书对融媒时代新闻传播发展与变革展开了系统研究。

全书共七章。第一章为绪论，主要阐述了新闻的界定，新闻传播的起源及电子媒介的模式演变，融媒体与融媒时代，媒体融合的概念及其对新闻传播的影响等内容；第二章为新闻传播的基本理论，主要阐述了新闻传播的特点、环境与原则，新闻传播的功能与效果，新闻传播的模式、渠道及过程等内容；第三章为融媒时代的新闻传播者，主要阐述了融媒时代新闻传播者的角色定位，融媒时代新闻传播者的素质要求，融媒时代新闻传播者的职业道德等内容；第四章为融媒时代的新闻传播受众，主要阐述了受众的概念、类型和角色，融媒时代新闻受众的概念需求、影响因素及心理，融媒时代新闻受众的定位等内容；第五章为融媒时代的新闻传播媒介，主要阐述了纸质媒介与新闻传播，电子媒介与新闻传播，新媒介与新闻传播等内容；第六章为融媒时代的新闻传播业务，主要阐述了新闻采访，新闻编辑，新闻写作，新闻评论等内容；第七章为融媒时代新闻传播的发展与变革策略，主要阐述了融媒时代的新闻价值，融媒时代新闻事业的发展，融媒时代新闻传播的发展策略，融媒时代新闻传播的变革等内容。

为了确保研究内容的丰富性和多样性，笔者在写作过程中参考了大量理论与研究文献，在此向涉及的专家、学者表示衷心的感谢。

最后，限于笔者水平，本书难免存在一些不足之处，在此恳请读者朋友批评指正！

目 录

第一章 绪 论……………………………………………………………1

第一节 新闻的界定…………………………………………………1

第二节 新闻传播的起源及电子媒介的模式演变…………………9

第三节 融媒体与融媒时代…………………………………………12

第四节 媒体融合的概念及其对新闻传播的影响…………………14

第二章 新闻传播的基本理论……………………………………………24

第一节 新闻传播的特点、环境与原则……………………………24

第二节 新闻传播的功能与效果……………………………………33

第三节 新闻传播的模式、渠道及过程……………………………44

第三章 融媒时代的新闻传播者…………………………………………52

第一节 融媒时代新闻传播者的角色定位…………………………52

第二节 融媒时代新闻传播者的素质要求…………………………55

第三节 融媒时代新闻传播者的职业道德…………………………62

第四章 融媒时代的新闻受众……………………………………………68

第一节 受众的概念、类型和角色…………………………………68

第二节 融媒时代新闻受众的需求、影响因素及心理……………74

第三节 融媒时代新闻受众的定位…………………………………83

第五章 融媒时代的新闻传播媒介………………………………………90

第一节 纸质媒介与新闻传播………………………………………90

第二节 电子媒介与新闻传播………………………………………96

第三节　新媒介与新闻传播 …… 105

第六章　融媒时代的新闻传播业务 …… 116

第一节　新闻采访 …… 116

第二节　新闻编辑 …… 125

第三节　新闻写作 …… 131

第四节　新闻评论 …… 133

第七章　融媒时代新闻传播的发展与变革策略 …… 140

第一节　融媒时代的新闻价值 …… 140

第二节　融媒时代新闻事业的发展 …… 154

第三节　融媒时代新闻传播的发展策略 …… 160

第四节　融媒时代新闻传播的变革 …… 164

参考文献 …… 170

第一章　绪　论

进入融媒时代以来，出现了大量前所未有的传播方式，为新闻传播方法的创新创造了大量机会。本章分为新闻的界定、新闻传播的起源及电子媒介的模式演变、融媒体与融媒时代、媒体融合的概念及其对新闻传播的影响四部分。主要内容包括：新闻的定义、新闻的本质、新闻的特征、新闻传播的起源等方面。

第一节　新闻的界定

一、新闻的定义

在日常生活中，我们经常会碰到一些简单的常用词汇。这些词汇人人都懂，但要想给它们下定义，却并非易事。人们每天都能接触到新闻，对各种媒体上传播的内容，人们很容易判断出它是不是新闻，但要给新闻下一个准确的定义，却很不容易。古往今来，中外新闻学者、新闻从业人员从各自的世界观出发，对新闻做过很多解释，但直到今天，人们还并不满意，还在不断探索怎样给新闻下一个更加准确的定义。

（一）“新闻”含义的演化

在我国，“新闻”一词在唐代就有，不过当时指的并非报纸，而是生活中的奇闻怪事。《新唐书》中记述了一个名叫孙处玄的文人，因抱怨当时缺少记载海内外新鲜事的书刊而感叹：“尝恨天下无书以广新闻。”还有一种说法认为，唐朝尉迟枢写过一本书——《南楚新闻》，此书已失传，但宋朝的《太平广记》辑录过其中的故事。《太平广记》是一本专辑历代奇闻趣事的书，由此推断，《南楚新闻》是记述当时南方新奇风俗、奇闻趣事的书。到宋朝，封疆大臣向朝廷奏报边塞要情时，为了说明情况重要，常在奏文的封皮上写明“新闻”。这里的“新闻”已有“情报”的含意，强调讲究真实、反映客观情况的变动。南宋人赵升撰写的《朝野类要》中有“其有所谓内探、省探、衙探者，皆衷私小报，率有泄露之禁，故隐而号之曰新闻”的记载。“新闻”一词后来在历代书籍中偶能见到，但是直到清朝，“新闻”的词义才与现代有所贴近。《桃花扇》中“设朝”一折里有：“晚生在朝房里藏着，打听新闻来”。这里的所谓“新闻”涉及最近朝中发生的人事变动、权力分配的消息。

在英语中，新闻是“news”。人们一般认为，这个词是由指南针上北（north）、东（east）、西（west）、南（south）四个词的第一个字母拼凑出来的。然而，美国新闻学者约斯特经过考证后否定了这种说法。他认为，新闻一词是由新（new）字引申而来的。在德文中“新闻”写作“zeitung”，是由德国北部的俗语“tidender（报道）”演变来的，而“tidender”又出于“tiden（旅行）”。当时所谓新闻，是指一般商人或旅行者传播的趣闻轶事。15 世纪后，逐步演变成“zeitung”，意思是“在时间上绝对新颖的事物”，1921 年，“zitung”这个词流行于下莱茵一带。当然，无论在中国，还是在西方世界，当新闻事业还没有成长为一个职业的时候，人们对新闻的看法是支离破碎的，词意是不稳定的，只有到新闻事业真正发展起来后，新闻的确切含义才逐渐稳定下来。

（二）西方的新闻定义

在新闻研究界，曾经有人把西方关于新闻的解释和定义分为两大派：一派被称为理论派，另一派则为实用派。实际上，“实用派”并非一个学术性的派别，他们也无意在理论上建设一个什么新闻学派，“实用派”的名称不过是一些学者为了表达的方便而给他们加上的一个称谓。

而所谓“实用派”，顾名思义也就是说他们对新闻问题的阐述，全都从实际应用的角度，揭示它的实用价值和操作方法。实用派中的人物全都是新闻业界的编辑、记者、主编和发行人。他们对什么是新闻的回答，当然也不在于科学地表述新闻的根本性质是什么，而是强调在具体实践中新闻报道应该去“报道”些什么。美国是实用派新闻学的大本营，这方面他们的说法也最有代表性。

19 世纪 30 年代，《纽约太阳报》采访部主任约翰·B. 博加特曾经有一个“经典性”的说法，叫作“狗咬人不是新闻，人咬狗才是新闻”。这当然不是在给新闻下一个规范化的定义，而是他在给属下的记者讲新闻报道应该抓些什么事件时，打了这么一个比较形象而又有点极而言之的比方，其意思显然是说，在以营利为目的的新闻报道中，就要把那些新奇变态的东西作为最有吸引力的报道对象。这样的提法实际上是在当时美国自由主义报业竞争激烈，大家都去以新奇、变态、庸俗的内容争夺市场的大背景下提出来的。而这样的说法无论其在表述上有多么偏激和不完善，却至今仍在业界有着很广泛的影响。到了20世纪30年代初期，美国《纽约先驱论坛报》采编部主任斯坦利·瓦利克尔更是直截了当地提出："什么是新闻呢？新闻就是女人、金钱和犯罪。"即所谓的三个"W"：woman（女人）、wampum（金钱）、wrongdoing（坏事）。

实用派的主张归根结底就是强调新闻的"新奇"，甚至强调报道的内容越离奇越好。他们的逻辑实际上就是"新闻＝新奇"。所以，美国的堪萨斯州阿契生市的《环球报》主编爱德华就说："凡是让女人喊一声'哎哟我的天呀'的东西，就是新闻。"而《纽约太阳报》主编查理德纳则说"新闻是一种令人惊叫的事情"。毫无疑问，以上这些说法都是不能作为新闻的定义来看的。而这些说法的提出者也并非真的是要为新闻下一个科学的定义，他们只不过是站在经营者的立场，用一些未免夸张和偏激的言辞，高度概括地表明什么样的新闻才是最好赚钱的新闻，也就是最容易卖得出去的新闻。所以这些说法在西方新闻界一直流行甚广。而归根结底，这些说法的出发点主要就是强调新闻迎合人性中低俗的一面，以便有更多的人愿意掏钱去买。所谓"理论派"，当然是真正意义上的专业的新闻理论研究者，他们大多是学者、教授，而他们对于新闻是什么的回答，在态度和方法上也显然更加严肃、严谨和科学得多。当然他们的有些观点，许多都与我国的说法相当接近，尤其是美国新闻学者卡斯柏·约斯特在《新闻学原理》中给新闻所下的定义——"新闻是已经发生或正在发生的事实的报道"。这与我国陆定一的定义如出一辙。

有人归纳并择取了国外新闻学界对新闻定义的以下几种比较有代表性的说法。"新闻是经过记者选择以后及时的事实报道""新闻是关于突破事物正常轨道或出乎意料的事件的情况。""新闻是根据自己的使命对具有现实性的事实的报道和批判，是用最短时距的有规律的连续出现来进行广泛传播的经验范畴的东西。"应该说，以上这些新闻的定义，在对新闻性质的概括和表述上，有很多是大同小异的。我们进行了这样不厌其烦的列举，也只是想能够使得学习者获得更详尽一些的资料，以首先了解新闻定义问题上的全貌，完全主观化地给出一个简单的定义，反而会限制学习者独立思考和选择的余地。

二、新闻的本质

新闻的本质是什么，这是一个难以解释的问题。

从本质上看，新闻不是物质世界客观存在的事物本身，而是物质世界客观事物的信息在人的头脑中的反映，是人对于客观存在的事物的认识和反映。新闻以事实为基础，具有客观性，但它不是客观事实本身，而是人们对于客观存在的物质性事实的反映、报道的结果。因此，新闻具有主观性，属于精神世界的一部分，是一种精神现象。

从表面上看，新闻是新闻传播者个人对客观事实的反映，是一种个人意识。但是，个人是不能离开社会的，他每时每刻都处于复杂的社会关系之中，任何个人的意识活动不能离开社会的一般意识。因此，新闻这种精神现象不是个别人的精神现象，而是整个社会的精神现象的反映。新闻作为社会意识的一部分，具有其他社会意识形态（政治、法律、哲学、宗教、文学、艺术等）所具有的一切特性。

在新闻这种社会意识形态中，作为认识世界和反映客观世界的主体的新闻传播者，在报道有关客观事物的信息时并不是完全被动的，而是具有主观能动性。根据辩证唯物主义的基本原理，事实是新闻的本源，是新闻的客观内容，新闻必须忠于事实。但是，新闻也是新闻传播者对事实进行选择性报道的结果。

同时，还应该看到由于新闻传播者的政治立场和价值观念不同，他们对于相同的新闻可能有不同的评价及不同的舆论导向和价值取向。新闻之所以具有主观能动性，是因为人的活动与动物的活动有着本质的不同。动物的活动是被动地为了满足生存的需要，是一种无意识的生理本能活动，而人的活动是有目的、有意识的。蜜蜂的本领使建筑师感到惭愧，但它永远不可能像建筑师那样在活动之前就有一定的目的和计划。

另外，新闻工作者在反映社会生活之前是有一定的目的和计划的。他们根据一定的目的和计划选择事实、写作新闻和传播新闻。这样，就使得新闻在反映社会生活的过程中包含着新闻工作者的目的性和主观倾向性，从而使新闻在反映社会生活时具有主观能动性。

新闻的主观能动性集中地表现在新闻传播者的主体意识上。这种主体意识是指新闻传播者在新闻传播过程中的主体地位和精神动力以及对于传播客体的社会责任感。从主体地位来看，它要求新闻传播者在新闻传播过程中处于主导和支配的地位，克服只从客体和直观形式去理解事实和新闻的机械决定论。从精神动力看，它表现为新闻传播者的“生存意识”和“成就意识”。“生存意识”既表现为新闻传播者对于满足自身生存和安全的物质条件的需求，又表现为对于整个人类生存和安全的关注。从社会责任感看，它要求新闻工作者将自己的命运和整个国家的命运、人类的命运有机地结合起来，由此产生出高度的社会责任感。新华通讯社记者黄文认为："一个人要做成一件事情，最重要的是他要有职业责任感，慢慢地你看到你做出成绩了，你会有一种成就感。我觉得作为记者，你要有一种信仰，对你的工作要有一种自豪感，有了这种自豪感后，会给人带来一种品质，那就是超人的意志力。"这里所谓的职业责任感、成就感、自豪感和意志力，就是新闻传播者在新闻传播过程中的主体地位和生存意识的具体表现。这是新闻传播者区别于其他社会成员的主要标志，也是新闻传播事业区别于其他行业的根本使命。

中外一切著名的新闻工作者，无一例外都具有高度的社会责任感，都能够自觉地意识到和体现新闻的本质。我国著名记者穆青在回答"青年记者怎样成才"时说，"勿忘人民"。他认为，只有爱人民的人才会被人民所爱，新闻工作者有了这种感情，"在采写新闻时，就能充分唤起自己的各种'储能'，理论、知识、文采、技巧就会形成有机的整体，进而发挥巨大的整体效应"。

关心人，关心社会，关心国家，关心人类的命运，这是新闻工作者主体意识中最高层次和最主要的表现，是新闻传播事业的使命，也是新闻的本质。凡是自觉意识到新闻的本质和自觉践履新闻传播事业的使命的新闻记者，就是优秀记者和名记者。凡是自觉体现新闻的本质和自觉践行新闻传播事业使命的新闻作品，就是新闻精品和名品。相反，如果为了某种轰动效应而一味炒作那些亵渎生命的所谓新闻，则这样的新闻多不如少，有不如无。

三、新闻的特征

（一）真实性

真实是新闻的生命，没有真实就没有新闻，新闻必须以事实为根本。理论化的语言表述为："新闻传播的信息主体是一种客观信息。"陈述事实，是新闻传播的最根本的特征。任何无中生有与凭空捏造都会给新闻业带来极大的冲击。传播的事实被夸大或者缩小，某些事实层面被有意无意地加以改动，这样的报道都违背了新闻传播的基本精神。忠实地陈述事实，确保新闻的完全真实，就是维护新闻的生命。新闻不论是采用语言还是其他方式陈述事实，必须是对事实原貌的纯粹客观再现。

（二）及时性

及时性是新闻的第二生命，没有报道的及时性就没有新闻。所谓"新闻谓

'新'，不新不成新闻"。而"新"首先指的就是"新近"之意，就是"刚刚发生（或正在进行）"之意。这是在通常被公认的若干新闻的定义当中就已经特别强调了的。所谓"新闻是新近发生的事实的报道""新闻是新近事实变动的信息"以及"新闻是新近发生的，能引人兴味的事实"等，这些表述当中对"事实"共同的限制语全都是"新近"。及时报道这个特点，是新闻区别于历史的又一个方面。同新闻相比，历史是缺乏新意的，因为历史只是昨日的新闻。同新闻总是及时报道相比，历史又总是最后说话的。新闻是新近发生的事实的迅速报道，历史总得在事件经过一个相当长的阶段之后，才有研究者对之进行全面的考察与研究。与存在于故纸堆里的历史比起来，新闻总是时时散发着油墨的清香。

（三）新鲜性

"新闻谓新"中的"新"不仅指时间的新近，还指内容的新鲜。新近、新鲜、新意、新异以及新奇等都是个性"新"中所共同具有的因素。童兵先生曾经阐述道："报道及时是新闻的运动态，具有新意是新闻的静止态，前者是后者得以实现的操作上的主要保证。出现了有新意的事实没能发现，发现了有新意的事实没能抓住，完成了有新意的事实报道没能公开传播，都无法使新闻具有新意。这样的'新闻'严格说来也难于成为真正的新闻。迟缓是新闻传播的大敌。"

客观世界中的一切事物无不处于不断运动、不断变化、不断地新老交替的发展变化之中。事物的运动是绝对的，新事物的不断出现也是绝对的。这也正是新闻报道之树常青的最终根源所在。但是，具体到每一条个别的新闻报道来看，它们又只能是该事物运动到某一时空以及某一状态的陈述，是该事物发展到最新层面的一个事实的报道。而由于生生不息的世界的运动规律使然，这种状态很快改变，这一新的层面很快由另一新的层面所代替。在这种情况下，原先报道"新状态""新层面"的新闻，就开始变得不再具有新意，也就失去了原本具备的新闻的生命，失去了其作为新闻而存在的意义。也就是说，每一条具体的新闻报道，它的生命力是非常短暂的，是易逝的、脆弱的，因而西方有学者把新闻报道比喻为"易碎品"。由于客观事物的这种"新鲜性"特征是非常易逝的和脆弱的，新闻传播者就必须非常敏感和及时地在其还处于"新状态"和"新面貌"的那个瞬间，迅速、准确地将它报道出来。否则，当事物本身已经失去了新鲜性的时候，新闻报道也就失去了新意，或者说报道也就不再具有新闻价值，而只能成为历史了。

（四）敏感性

新闻具有“新鲜性”这一重要特征，使其同历史有了根本区别，而新闻的这种特征归根结底是由于新闻对于世界变动的“敏感性”。对于世界最新变化与变动的敏感性是新闻更为重要的特征。童兵先生从理论上深入揭示了新闻报道具有敏感性的理论根据，他说：从新闻报道的角度考察，一般事物的运动轨迹是常规变动，缺少足够的新意，此种时空状态下的事物可称为“普通事实”；而当量变达到一定量的积累时会出现质的变化，质变出现后的事物往往具有明显的新意，此种时空状态下的事物可称为“新闻事实”。接着该事物又恢复到一般量的变动之中，又成为“普通事实”。新闻所传播的是具有新意的事实，就是指当事物的变动由“普通事实”变化为“新闻事实”且尚未恢复至“普通事实”这一状态时，传播者及时发现、尽快捕捉，在第一时间里迅速报道这一变化。新闻传播的这种抓事物变动的具有新意的“一瞬间”时空态的特点，人们称之为“报道及时”，即在第一时间内报道。这就是新闻最突出的敏感性特征。

（五）公开性

新闻是对新近或正在发生的事实的报道，因此事实只有被公开传播才是真正的新闻；否则，新闻就成了马路消息、小道消息，失去了价值。从人类生存和发展的需要来看，人们获取新闻的目的是更好地把握世界的运动和变化，因此新闻只有最大限度地让全社会知道，它的价值才能更好地体现。新闻是通向世界的窗口，但这个窗口是否能通向外部世界，还取决于窗口的大小、窗格的多少和玻璃是不是透明。过去我们办媒体，往往从政治角度出发去决定报与不报，结果在新闻实践中处于被动状态。在信息化的时代，新闻总有渠道流传出去：你不报，人家报；你后报，人家先报；你消极地报，换来的是更大的被动。我们知道新闻是客观的，但记者是有立场的，一个事件发生后，记者完全可以从自己的立场出发选择有利于本阶级的角度去报道；但是如果不报，就连表达立场的机会都没有了。如果这个事件与人民的生活息息相关，不报就无法让人民了解外部环境，最终会影响媒体的公信力。

四、新闻的分类

（一）根据新闻的发生地来分类

一般的报纸、电台、电视台把新闻分为三块：国际新闻、全国新闻和地方新闻。报纸也据此划分不同的版面。比如上海的《解放日报》每天出16个版，新闻占到6个版，除去第1版为要闻版外，其余5个版中，国际新闻2版，全国新闻1版，本地新闻2版。国际新闻、全国新闻和地方新闻的版面安排可以反映出一家新闻媒体的编辑方针，也折射出该媒体的新闻观念。

（二）根据新闻的时间性来分类

按照时间可以把新闻划分为两大类：突发性新闻和延缓性新闻。突发性新闻主要是对出乎人们预料、突然爆发的事件的报道。例如，突发性的灾难（地震、火灾、车祸、空难等）、突然爆发的战争、突然变化的时局等，这种类型的事件往往是新闻报道的主角。延缓性新闻是对逐步发生变化的事情的报道。例如，天气逐渐热起来，物价逐渐上涨，青少年的身高逐渐增加，等等。

突发性新闻有明确的发生时间，要精确到几点几分几秒；而延缓性新闻一般没有明确的时间，往往只能以“最近”“近来”“近日”之类的模糊词汇来表述。

灾难和灾害是人类社会生活和人类历史的组成部分，通过对灾难的报道可以预防灾难的发生。

（三）根据新闻与读者的关系来分类

根据两者之间的关系，可以把新闻分为硬新闻和软新闻。

硬新闻是指关系到国计民生以及人们切身利益的新闻，包括党和国家重大方针、政策的制定和改变，政局变化，市场行情，股市涨落，天气变化，重大灾难事故等。这类新闻为人们的工作和日常生活提供决策依据。硬新闻对时间的要求非常严格，报道必须迅速，越快越好，在有些场合，可以说信息瞬息万变。比如在期货市场、证券交易所、奥运会现场等，各家通讯社、新闻媒介为争先发表重大新闻，不惜成本，采用最先进的技术。硬新闻的另一个要求是报道尽可能准确，信息尽可能量化。

软新闻是指富有人情味、纯知识性、纯趣味性的新闻。它和人们的切身利益并无直接关系，向受众提供娱乐，使其开阔眼界，增长见识，陶冶身心。软新闻一般没有明确的时间界限，多数属于延缓性新闻。但软新闻要注重写作的技巧，需要用生动活泼的语言来写，凸显情趣，这种写作方法即人们常说的“散文笔法”。

虽然不同的人或群体对新闻有不同的需求，但是从总体上来说，人类必须在硬新闻获得满足以后才会需要软新闻。传播硬新闻是新闻媒介生存和发展的基础，但是并非所有的媒介都以报道硬新闻为主。一般来说，严肃的高级报纸以刊登硬新闻为主，通俗化的报纸刊登的软新闻相对较多。

第二节 新闻传播的起源及电子媒介的模式演变

一、新闻传播的起源

马克思指出："最初人类表现为种属群、部落体、群居动物。"从人类的社会关系角度来探讨新闻的起源可以看出，人类是群居动物，因此人与人之间必然会产生各种联系、发生各种关系，而这些关系的建立和维护是要以一定的信息为基础的。没有群居就没有社会，人类也就无法进行繁衍并进一步构成人类社会。所以,早期的西方新闻学者也从人类的群居性看到了新闻产生的另一个重要根源，那就是由于群居而必须交流的欲望。对这种强调交流的群居方式来说，依据的不仅是人的自然性，还有人的社会性的一面。

语言为原始信息传播提供了思想媒介，这是人类最早的意媒，它构成信息传播的符号。在原始社会，知晓欲和呼告欲是人类生存意识的体现，可归结为由传播媒介产生的心理因素。呼告欲反映了人类报告信息的强烈欲望；知晓欲是听取信息的强烈欲望，给报告信息者带来快慰。这可以算是本能说，认为新闻的产生源自人类本能的需要。若用马斯洛的需要层次理论来解释，主要是指最初的两个层次，即"生理"和"安全"。

"好奇说"是西方比较流行的一种新闻思潮，直至20世纪40年代，西方理论家还认为，好奇的本能是新闻媒介产生的首要原因。这一说法的代表人物主要是美国新闻教育家约斯特，他在《新闻学原理》一书中对于新闻起源的问题提出如下观点：人一生下来就有一个能够进行传播的"说话器官"和"听觉器官"。还有一些人认为，新闻是由人类对外界以及自身的好奇而产生的，这种看法也可以纳入好奇说。持好奇的说新闻学者认为，人类对外部世界的好奇心是产生新闻行为的根本原因。

还有人认为，新闻传播的产生源于人类自身具有的"新闻欲"，即本能。今天几乎所有关于新闻起源的猜测都指向了信息。新闻起源问题一定程度上等于新闻机构的产生问题。

二、电子媒介的模式演变

（一）广播的听觉模式

1920 年 9 月 29 日，美国匹兹堡的约瑟夫·霍恩百货商场发出广告，出售 10 美元一台的收音机。同年 10 月 27 日，美国商业部发给威斯汀豪斯公司 KDKA 广播电台营业执照。11 月 2 日，电台正式播音。这是世界上第一个正式的广播电台，当天播放了哈定和考克斯的竞选活动。

如果说文字是不在场，视觉是在场，那么，听觉就是半在场——既在场又不在场。这似乎是如今广播现场报道比较受冷落的原因之一。在宗教中，音乐是最佳的说服工具。假如说文字靠抽象，视觉靠具象，那么听觉就是靠想象。文字有文学，视觉有电影，听觉有音乐。

（二）电视的视觉模式

1936 年，英国创立了世界上第一个电视台，11 月 2 日播出第一个电视节目。伦敦奥林匹克展览厅内坐着的几百名观众第一次看到了魔术般的景象。电视这种视觉模式的电子媒介具有以下特点。

1. 镜像媒介

电视图文并茂，现场感极强，能把事实直接呈现在观众面前，是一种向人脑注入镜像的传播形式，是人类的第四次传播革命。电视把“事实”直接呈现在观众面前，由观众亲自去看、去观察、去判断。画面和音响绘声绘色地再现了真实的影像，记录下的事实具有真实感。电视不仅使观众能听到记者的口头报道，而且也能看到新闻人物的形象，看到生活的环境。电视使用声音和图像向观众直接传播信息，大众有一种置身事件现场的感觉。电视向人的大脑注入镜像因素，使人类形成“眼见为实”的历史观。

2. 声像兼有

报纸、广播把事实变成文字或语言是一种转述方式，读者、听众根据转述很难还原事件的原貌。因为记者不可能把事实丝毫不差、绝对准确地转述出来，这就不可避免地带来了某些不确定性。而电视声像兼有，可以规避这些问题。

3. 一目了然

由于电视能再现各种景像，观众对事件清晰可见，很少加入思维的联想。由于看电视很少动脑，麦克卢汉说它是冷媒介。与报纸、广播所依赖的文字、声音的“富想象力”不同，电视画面在营造真实感的同时，也必然伴随着“弱想象力”。正如麦克卢汉所言，电视是一种低参与度的冷媒介。正是在这个意义上，电视已经演变成了一种家庭伴随媒介，有家庭就有电视，即便是作为听的媒介。

4. 线性传播

电视和广播一样都属于线性传播，在报道和叙述事实时，随着事物的自然发展传播画面，按照媒介的意图安排新闻的顺序，观众的选择变得更加困难。电视传播稍纵即逝，声像保存需要录制器械，对一般观众来说有一定难度。

电视的局限性体现在以下几方面：首先，观众收看电视的时间和所看到的画面受到媒体的制约，电视台决定观众观看什么和观看多少。这就给一般观众造成一种假象：电视上没有播出的事件似乎就没有发生，观众的视觉被控制在电视媒介的议程框架内；其次，电视图像是客观图景的摄录，对报道内容似乎没有任何改变，观众确信它比其他媒体都更真实。如果电视镜头是人为设计的场面，观众看到的仍然是真实的画面，无法识破它的虚假性，它的欺骗性更强。最后，由于电视是图像传播，缺乏深入的阐释功能，所以呈现的只能是事物的影像。如果没有语言的解说，尽管它编排得生动感人，观众也难以从图像中看到事实的真相。

（三）全感互动的网络模式

互联网起源于美国国防部在 1969 年实施的一项工程，名叫阿帕计算机网（ARPANET），当时用 4 台计算机互联试验。到 1977 年网络节点达到 57 个，连接各类计算机 100 多台。发展至今，互联网已成为一个联通全球无法计数的电脑的终端系统。一种电子传媒从投入使用到拥有 5 000 万用户，广播用了 38 年，电视用了 13 年，有线电视用了 10 年，而互联网仅用了 5 年。随着技术的不断完善以及文字、图像、声音等多种手段的应用，形成了交互、全链接、易复制和时效性强与信息量超大的媒介。由于网络在通信、资料检索、客户服务等诸多方面的巨大潜力，它已从单纯的信息渠道转变成一种新的商业运营模式和生活方式，渗透到人类日常生活的各个方面。互联网这种基于网络模式的电子媒介主要有以下特点。

1. 融合一切媒介的媒介

网络作为包容一切媒介的媒介，它将把一切传统媒体包容进去，成为自由的、个人的和公共媒介的高度融合。网络融合了传统媒介的特征，形成发散型传播结构，以非线性方式将信息送达广大受众。互联网拥有一切传播技能和类型，既有人际传播、组织传播，又有大众传播，是多种传播方式的综合体。

2. 具有多种传播方式

与传统的媒体相比，网络传播汇聚了多种传播手段，更加个性化，包含了人际传播、组织传播、大众传播，实现了点对面和点对点的新闻传播。在网络上，国界区别已不明显，不同国家的人也可以实现直接交流。

3. 互联网是一种受众高度参与的媒介

互联网实现了点对点、点对面的传播。较之此前出现的媒介形态，它无疑是公共媒介的高度结合，对它的任何控制都不能改变它的这一本性。它就像一张万维之网，把人类纳入信息交互的海洋。它是双向或多向的，并由使用者负责安排如何使用，成为交互的大众新闻媒介。网络新闻的互动性可以给受传者以全面的服务，用大量新闻满足他们的需求，让其在网上直接交流。通过互联网不仅可以像观看电视一样直接目睹新闻事件及其发展的过程，还可以随时点击反复观看，发表对新闻事件的评论。

除了互联网，基于网络模式的另一电子媒介形态是手机网。手机也具有网络的全感互动模式，而且它加入了“移动”接收的特性，这使得传播者与受传者的状态都发生了改变。

第三节　融媒体与融媒时代

一、融媒体

（一）融媒体的内涵

融媒体主要是指多种媒介相融合，是多种媒介一体化的发展形势。媒体在最初的表现形式有电视、报刊和广播，在信息化时代，媒介形式出现了翻天覆地的变化，传统媒介形式没有消失，而是与当前电子信息化的媒介形式融合，渐渐向一体化方向发展。

（二）融媒体的特点

1. 融媒体环境下设备终端的多样性

在融媒体环境下，网络传输平台相较于以往有了巨大变化，融媒体背景下传递信息以互联网为载体，运用视频和图像处理技术，将新闻信息处理后再进行发布。网络信息传递便捷的特性促成了融媒体的发展，是融媒体发展的要素之一。

2. 融媒体利用网络平台发布信息

传统媒介背景下，人们接收新闻主要是借助报纸、电视和广播，接收信息的媒介渠道过于单一。融媒体背景下，公众可以通过自身喜欢的终端设备进行信息接收。报纸继续存在的重要原因是部分人群习惯了传统的信息接收方式，而新时期流行的电子阅读方式给人们的生活提供了便利。

3. 融媒时代媒介边界模糊

融媒时代使得媒介边界更加模糊，目前接收信息的方式多种多样。比如，通过电子报形式在网络中接收信息，通过手机软件收听传统形式的广播。在媒介多样化的发展中，各媒介间的边界难以准确区别。

二、融媒时代

所谓融媒时代，简单而言就是在新媒体快速发展的当下将各种新、旧媒体进行全面整合，打造统一化、整体化、通融兼融互融共融的新型媒体宣传体系的时代。融媒体时代意味着各媒体相互渗透、相互影响，形成了一个相对独立的媒介环境，新媒体的重要地位愈发突出，而高时效、碎片化、互动化、深入性、短暂性、颠覆性等也成了融媒体的主要特征。在融媒体背景下，单一的传统媒体如报纸、电视、广播等，由于受众被社交网络和移动自媒体任意切割、蚕食，处境艰难，需要积极适应融媒时代的发展，全面突围。可以预见的是，开放性与互动性将成为影响融媒体生存与发展的“命门”，新媒体与传统媒体之间的相互依存关系会更为紧密，同时专业、精细与特色将成为影响和决定媒体发展前景的关键，智慧服务的互动方式将成为融媒体发展的重要探索方向。当然，融媒体发展还面临着不少挑战，其中清除垃圾信息以及利用大数据技术正是其面临的最大挑战。

第四节　媒体融合的概念及其对新闻传播的影响

一、媒体融合的内涵

（一）媒体融合的概念及其表现形式

马萨诸塞州理工大学的浦尔教授最早提出了“媒体融合”的概念。他认为，“媒体融合”是指各种媒介呈现出多功能一体化的趋势。后来，美国新闻学会媒介研究中心主任尼尔逊重新定义了“媒体融合”，他认为其就是“印刷的、音频的、视频的互动性数字媒体组织之间的战略的、操作的、文化的联盟”。事实上，媒体融合早在传统媒介中就有所体现，只是没有提出来而已。例如，电视媒介吸收报纸媒介的内容，产生了“电视读报节目”；报纸媒介与电视媒介合作，转载电视访谈（谈话）节目的文本内容等。

到了数字媒介阶段，网络媒介本身其实就是媒体融合的结果。它将传统媒介的各种符号形式融为一体，在统一平台上充分展现文字、图片、音频、视频等多媒体内容。互联网的出现把媒体融合推向了一个更高的境界。报纸与网络相互融合产生了网络报纸，广播与网络相互融合产生了网络广播，电视与网络相互融合产生了网络电视，手机媒介与报纸、电视相互融合产生了手机报、手机电视等。需要注意的是，媒体融合并不是多种媒介内容和形式的简单叠加，而是通过发挥各种媒介形式的优势，扬长避短，最终实现融合后的最佳效果。

“媒体融合”的表现形式主要有两种：一是传媒业界跨领域的整合与并购，并组建起大型的跨媒介传媒集团；二是融合媒介技术，将新的媒介技术与旧的媒介技术联合起来形成新的传播手段，甚至是全新的媒介形态。

（二）媒体融合的具体类型

媒体融合现象在形成的过程中也划分成不同的类别，由于各自的分类方法并不固定，所以存在着不同的分类标准。2003 年，美国西北大学教授李奇·高登根据不同传播语境下的“convergence”一词所表达的含义归纳了美国当时存在的五种“媒体融合”类型：所有权融合、策略性融合、结构性融合、信息采集融合、新闻表达融合。而提出了“融合连续统一体”概念的戴默也根据自己的观察和理解提出了另外五种模式：交互推广、克隆、合竞、内容分享、融合。综合来看，上面的两种分类实际上有所不同，但也有重叠之处。第一种划分更侧重于媒体融合所涉及的各种因素，第二种划分更侧重于媒体融合在新闻生产过程中的实际操作。

国内的很多学者也对“媒体融合”进行过划分，但大都不会脱离这两种划分方法。为了整体地、全方位地认清媒体融合的类型，以下就对上述两种划分方法进行一定程度的综合和调整，并结合我国的实践，按“媒介所有权合并”“媒介技术融合”“媒体间战术性联合”三种类型来分别讨论媒体融合的具体类型。

1. 媒介所有权合并

媒介所有权合并指的是媒介所有权的集中，它是当今时代新闻业在传媒组织（集团）这一层面的最高层次的融合。美国几个大的传媒集团，如维亚康姆集团、迪士尼、维旺迪集团全球出版公司以及美国在线时代华纳，都是媒介所有权合并的典型例子。传媒业所生产的媒介产品尽管属于精神消费层次的商品，但它们同样有类似于物质资料的生产、交换、分配和消费过程。从这个意义上讲，媒体从事的信息传播活动也可以称为经济活动。媒介所有权是整个新闻传播体制的核心问题。从新闻传播法的角度来看，媒介所有权是一定社会的媒体所有制在新闻传播法上的反映，是国家用法律手段确认和保护一定社会里媒体所有制关系的法律规范的总和。目前，中国大陆媒体业呈现出多种媒介所有权并存的局面；同时，由国家对媒体及媒体财产进行占有、使用、收益和处分。作为一种新闻传播的法律关系，媒介所有权是媒介所有人的权利，任何人都负有不得侵犯所有人的媒介所有权的义务。媒介所有权是所有人依法对自己拥有的媒体享有占有、使用、收益和处分的权利，也可以是按照法定形式将其财产所有权转让给他人的权利。

2. 媒介技术融合

媒介技术融合是指信息的采集、制作和发布过程以数字化处理为基础。

每一种传统媒体都有自己的核心技术。这些核心技术之间本来并没有必然的联系，而数字技术的出现则可以将所有的传播技术迅速融合成一种普通的、计算机可读的数字形式。传统印刷媒体的编辑、排版和印刷技术基本上实现了计算机处理；电视媒体将制作好的视频放到互联网上进行再次传播；出版社将图书放到网上书店，使出版和流通领域得到了充分利用；数字电视把计算机处理器引入每个家庭，反过来，家用计算机也可以收看电视节目。总之，各种媒体都在数字技术的平台上把其各自独立的技术融为一体。技术的融合是新闻传播领域一切融合的基础，是新闻业革新的最大动力。信息通信技术的进步打造出了一批新兴的媒体形态，如手机报纸、手机电视、交互式网络电视、车载广播、网络电台等，已经成为人们耳熟能详的新名词。这些名词既体现了媒介在技术方面的融合，同时也体现了它们有别于传统媒体的新特征，如媒介形态的交叉多元性、媒介功能的娱乐体验性、媒介运作的整合互动性。

3. 媒体间战术性联合

媒体间战术性联合是数字时代不同所有制下的传统媒体之间、传统媒体与新媒体之间，以自愿互利为前提在内容生产、共享、传播、营销等领域的合作。现代的媒体共生理论认为，媒体之间只有相互依靠才能共生共荣。因此，尽管这种战术性合作的初衷是推销各自的传媒产品，但是联合的实际结果是双方不仅节约了资源，而且还有助于媒介信息共享的实现，能实现信息传播和利润的最大化。

二、媒体融合的产生背景

20 世纪 90 年代以来，新闻业在技术因素、消费者因素、产业因素等方面发生的变革共同构成了媒体融合的产生背景和内在动力，使之成为一股喷薄而出的潮流；而反过来，这股潮流所形成的世界趋势又将更多的国家、地区和媒介组织裹挟其中，成为它们接受、实践和推进媒体融合的外在动力。

技术因素、消费者因素、产业因素和国际趋势一起构成了媒体融合的产生背景，并共同促进或制约着媒体融合的发展广度和深度。

（一）媒体融合的技术背景

技术进步是推进媒介形态变革的原动力，技术力量改变着媒介的现有特征。当今电脑技术、数字技术将三大传统媒体和网络、手机两种新兴媒体融为一体。与此同时，先进的传播科技——如光纤光缆、人造卫星、电脑的组合使用生成了“超级信息高速公路”，它将大众传媒、家居生活、投资买卖、私人通信、学习、娱乐集成一体。由于数字化科技、宽频传输及压缩技术在短时间内的同时进展，不同形式的传媒之间出现了互换、互联现象，电信、广播电视、网络之间的藩篱已逐渐被打破。在此情况下，传统单一属性的媒介终端向视听多媒体终端进化；以往只有单一服务的网络可以不同程度地承担其他网络的职责；一直局限于特定业务的媒介组织也开始在政策允许的范围内尝试着拓展自己的业务范围。技术的进步使得信息技术对于信息处理和传输的能力增强，进而实现其质量的提升与规模的扩大，使“终端—网络—应用”的“点到点”形式的传统传播结构，转变为“多种终端—多种接入—统一控制核心网—多种应用”的新型网络传播结构。

总之，数字时代高新技术的推广应用，为传统媒体的发展带来了新的增长点，使新旧媒体在相互竞争中互相吸取有利于自身发展的因素，在互补中形成媒体竞争性共融环境。

（二）媒体融合的消费者背景

随着社会不断发展、技术不断进步，人们的社会生活越来越丰富，媒介消费者的消费方式也不断多样化，消费需求必然会发生相应的变化。而这必然会加剧市场竞争的激烈程度。

媒介消费者的集合式信息需求是随着社会不断发展、技术不断进步而被逐步激发的，尤其是媒介技术的进步使人类的信息传播方式产生了革命性的变化，也带来了人类信息消费方式的改变。在过去，媒介消费者一般通过不同类型的传统媒介对信息进行“分割式”消费。在步入信息时代之后，人们显然已经不再满足于此，他们更希望能够一举多得，如希望能够通过某种便捷的渠道和方式，实现看报纸、听广播、看电视、读书刊等信息消费形式的同时进行。这种需求无疑与媒体融合的功能和目的相契合。

一直以来，媒介组织作为媒介市场的核心力量，通常决定着市场的运转。但如今，市场局势已经被逆转，媒介组织在媒介消费市场中的主体地位已经逐步被媒介的消费者——受众所取代，受众成为市场的决定者，引导着媒介组织的发展方向。如今的受众已不再满足于信息同质化的大众传播方式，而倾向于适合小众口味的内容和个性化的信息服务。媒体融合趋势正是力图通过崭新的媒体形态开拓并满足受众的新需求，更加细分化地适应社会的多样化需求，从而提供更加丰富的内容和渠道选择。从这个意义上说，受众的媒介消费方式变化在一定程度上推动了媒体融合的进程。

（三）媒体融合的产业背景

媒体融合涉及广播、电视、电影、信息通信、电子制造、出版等多个产业，各个产业的规模、组织、市场结构及组织的市场行为都在不同的层面促进或制约着媒体融合的范围和程度。从最初的融合发展来看，对媒体融合影响最大的分别是广播电视产业和电信产业。这两个产业控制着庞大的信息内容、传输网络及受众和用户，媒体融合“无处不在”“无所不能”的特性需要在业务、网络等领域冲破产业间的壁垒。

（四）媒体融合的国际背景

媒体融合实践所形成的国际趋势和潮流，使得越来越多的国家和地区裹挟其间，越来越多的媒介组织也开始进行调整和适应。这种不可逆转的国际趋势，构成了媒体融合的大环境和外在推动力。根据创新国际媒体顾问小组高级顾问马萨·斯通的一项调查，几乎所有大洲上的每个国家的媒体企业都在向多媒体融合化运作转变，“国际报纸协会 73% 的成员已经开始探寻媒体融合的各种形式”。媒体融合已经被广大媒体所认可。此外，在媒体高度融合的时代，东西方不同的文化也在不断地沟通和融合。随着市场不断地国际化，新闻业的竞争范围在不断拓展，跨国媒体开始进入国内市场。

总的来看，媒体融合的产生背景是由多种因素共同构成的。媒体融合既是媒介技术发展过程中的进步表现，也是消费者需求推动下的媒介创新之举，同时还是产业发展环境发生变化以及国际化潮流驱动的综合结果。这些内外因素相互关联，不可或缺，

其中，消费者的需求决定着媒体融合的现实价值，媒介技术进步使媒体融合的实现成为可能，构成媒介产业环境的相关政策法规是媒体融合进程中需要遵守的行为规范，融合的国际化趋势则是所有媒介组织不可忽视的外在压力和推动力。

三、媒体融合的基本模式

（一）依据媒体融合的趋势划分

早在2003年，美国西北大学教授李奇·高登便归纳了美国当时存在的五种“融合新闻”的模式。

一是所有权融合，大型的传媒集团拥有不同类型的媒体，因此能够实施这些媒体之间的内容相互推销和资源共享，如美国佛罗尼达坦帕市的媒介综合集团、美国俄亥俄州的新闻电讯集团，都将各自在同一地区所拥有的报纸、广播电台、电视台和网站进行了融合。当美国在线和时代华纳2000年进行所有权合并时，《伦敦金融时报》评论说，这次合并第一次清楚地表明，人们期待已久的各种节目制作及其传播方式的融合正在变成现实。

二是策略性融合，指所有权不同的媒体之间在内容上共享，如分属不同媒体

集团的报社与电视台之间进行合作，相互推介内容与共享一些新闻资源。媒体共生理论已经告诉人们，媒体之间只有相互依靠才能共生共荣。媒体战术性合作的初衷是推销各自的传媒产品，例如，报纸和电视的合作者们就相信，交叉助销可以驱使报纸的读者去看电视、电视观众去读报纸；电视观众可以知道明天报纸上的新闻故事，而报纸的读者又可从天气版上看到电视台的最新天气预报；报纸记者能让电视记者在现场播报新闻时提供更详细、更深入的信息；电视记者携带照相机，而报纸摄影记者携带数码摄录机。如果对于一次剪彩仪式，报纸只要一张照片而电视台只要 20 余秒的录像的话，就完全没有必要派出两位摄影师了。

三是结构性融合，随着媒体科技的融合及媒体所有权的合并，传媒从业人员的工作职责和媒体组织结构也会随之发生变化。例如，当《奥兰多前哨报》与时代华纳有线电视合作开设一个 24 小时本地新闻频道时，他们组建了一支多媒体编辑队伍，这群编辑大多数都具有广播背景，他们在两个新闻编辑部之间进行协调，与文字记者沟通，将报纸内容变换成电视新闻。这便是媒体根据需要而进行的组织结构性融合。

四是信息采集融合，这主要指新闻报道层面上一部分新闻从业者需要以多媒体融合的新闻技能完成新闻信息采集。“超级记者”的工作便属此类。

五是新闻表达融合，网络的出现，使得新闻叙事形式的融合成为可能，记者和编辑也需要综合运用多媒体的、与公众互动的工具与技能完成对新闻事实的表达。与过去的单一媒体报道方式相比，新闻表达融合而产生的多媒体新闻具有容量大、实时性、互动性、多终端等特点。

（二）依据媒体之间的合作方式划分

同样是在 2003 年，戴默等学者根据自己所掌握的美国及其他国家的媒体当时当地的实际情况界定了“融合新闻”的几种模式以及每一种模式的具体含义。

1. 交互推广

交互推广是指作为合作伙伴的媒体相互利用对方推广自己的内容，如在电视读报节目中介绍报纸的主要新闻，在这个过程中获得双赢。

2. 克隆

克隆是指作为合作伙伴的媒体不加改动地刊播对方的内容。如有合作关系的媒体之间不加修改地直接播发对方的产品，可以有效提升信息传播的精度和广度。

3. 合竞

合竞是指作为合作伙伴的媒体之间既有合作也有竞争，如一家报社的记者编辑在某电视台的节目中对新闻进行解释和评论，某一媒体为自己的合作伙伴提供部分新闻内容等。但是在这个过程中，合作的媒体之间仍然保持着竞争的戒备，相互保留核心信息。

4. 内容分享

内容分享是指作为合作伙伴的媒体定期相互交换线索和新闻信息，并在一些报道领域中进行合作，如选举报道、调查性报道等，彼此分享信息资源，甚至共同设计报道方案，但各媒体的新闻产品仍然由各自的采编人员独立制作。

5. 融合

融合是指作为合作伙伴的媒体在新闻采集与新闻播发两个方面进行全方位的合作，他们的共同目标是利用不同媒体的优势最有效地报道新闻。多个媒体的记者编辑组成一个共同的报道小组，策划新闻报道并完成采编制作，并且决定哪一部分内容最适合在哪个媒介上播发。

这五种模式的划分以媒体之间的合作方式为标准，五种模式的新闻融合程度依次由弱到强、由简单到复杂。综合看来，以上两种分类既有所区分也存在重叠的部分，究其原因，主要是因为二者划分时的侧重点不同：第一种划分更侧重于媒体融合所涉及的各种要素；第二种则更侧重于媒体融合下的新闻生产实践。

（三）依据媒体融合的内容和形态划分

蔡雯在对媒体融合做了微观、中观和宏观分析之后，依据媒体融合的内容和形态将其分为媒体内容融合、传播渠道融合和媒体终端融合。

1. 媒体内容融合

这是指分属于不同媒体形态的内容生产，依托数字技术形成了跨平台和跨媒体的使用，即利用数字化终端形成多层次、多类型的内容融合产品。融合内容按照来源和介质划分为报纸、杂志、书籍、广播、电视、网络、新媒体等，按照形态又分为文本、图片、影像、声音等。

2. 传播渠道融合

这是指不同形态的媒体产品传播渠道的勾连融合和互联互通。具体来说，传播渠道主要指电信网、广电网、互联网三类信息传播渠道。各类文本、图片、影像、声音等依托数字技术和网络技术，以数字化的形态不仅可分别经由电信网、广电网和互联网渠道分发给使用不同数字终端（电视台、手机、电脑等）的受众，而且三网可以互动互助、共进共演、竞合共赢。

3. 媒体终端融合

这是指将多种媒体功能整合在一起，以一种开放的终端平台将新闻信息和服务传送给使用者或用户。媒体终端融合主要是信息传播终点环节接收信息工具的融合，主要是指 3C 融合，即计算机、通信、电子消费终端产品的融合，具体产品包括计算机、手机、电视机、平板电脑等。

四、媒体融合对新闻传播的影响

（一）传播者从“术业专攻”到“通才全能”

随着媒体融合程度的加深，传播者将从过去只需要具备单一媒体的操作技能、术业有专攻的“专才”发展到精通数字传播技术，掌握多种媒体采集、编辑、发布技巧的“通才”。在媒体融合的趋势下，能在多媒体集团中整合传播策略的高层次管理人才和能运用多种技术工具的全能型记者编辑是十分紧缺的两种新型人才。尤其是前者，他们必须具备信息内容生产、高新技术应用、发展战略策划等各种素质，用高屋建瓴的视角统筹集团内部多媒体资源的整合共享和交叉互动。

对于全能型记者编辑来说，采、编、摄、制作等业务方面的要求越来越高，这些传播者每天既要进行例行的采访工作，根据采访所得的资料给网站写专栏文章，给电视台发去最新的报道，甚至编制一个相应的电视节目，还要给第二天出版的报纸写新闻稿。传播者从“术业专攻”到“通才全能”的形态变化，是对整个传播过程的拓展和深化。

传播者在生产媒介产品的过程中，扮演多岗位、多职能的生产者角色。面对媒体融合的现实，记者在为不同媒体写同一事件时，形式和重点必须不同，要懂得分别用文字、音频、视频等多种手段制作出适合某一媒体刊登、发布、播出的内容。对此，美国许多新闻院系都开设了“媒体融合”专业，全面训练新闻业未来的从业者。

但是，我们也应该看到，“通才”型新闻人才的培养并不意味着记者总是要身兼数职，而重要的是在媒体融合的背景下，记者应该养成一种多媒体的思维方式。当新闻事实发生后，记者能迅速拟出利用多种媒体手段进行报道的方案。在一些重大新闻事件的报道中，多媒体联合的报道团队将会有更细致的分工与合作，通过团队作战进行报道。

由此可见，在媒体融合背景下，对于传播者而言并不仅仅是传播技能的多媒体化那么简单，更意味着传播者需要根据新闻信息的多媒体采集、生产、发布的需要，调整从业人员的定位，对其生产流程进行进一步的细分，以提高传播效率。

（二）信息从重复叠加到整合连贯

在媒体融合提出之前，巨型传媒集团虽然也拥有多个媒体平台，但这些媒体平台往往是各自为政地进行纵向的流水线式经营，其提供给受众的绝大部分是传统的信息密集型的媒介产品，受众从这些媒体中接收到的信息同质化情况严重。而媒体融合将打破单一的传统媒体生产流程。从而让多个媒体平台承载多媒体内容的生产。例如，在媒介集团中成立独立的“媒体融合中心”，专门负责对信息资源进行创造性的重组和“研发”，而非简单的信息合并。虽然信息资源的来源与基本内容是共享的，但是最终的媒介产品是不同的，要针对媒体的不同特点，选择不同的报道角度、报道方式，体现媒介本身的个性。

根据受众的需要与满足理论，受众会主动地选择自己所偏爱的和所需要的媒介内容和信息。一个媒介集团可以通过自己的整个媒介产品链，实现信息资源的最优化利用，以更完备的媒介去获得新的受众。

（三）渠道从各自为营到互动整合

传统媒体在渠道建设方面的做法是将更多的精力放在单一媒体的内容传播上，而媒体融合则将视野投射到各个子媒体，以实现渠道资源的交叉共享。例如，美国佛罗里达州坦帕市的“媒体综合集团”是较早开始开展媒体融合实践的传媒集团，该集团将它旗下的报纸、电视台和网站全部集中起来，并设立了一个新闻中心。各种媒体的采访人员互相配合、协调，共同采访新闻并共享新闻。

在媒体融合实践中，互动与整合是其主要的特点。各子媒体共享新闻线索、新闻资源；不同媒体介质之间灵活穿插、组合，各个媒体的内容可以更加方便地实现相互嵌入。可以说，子媒体不仅是自身媒介内容的包装者、发布者与推广者，更成为同一集团下其他子媒体的宣传窗口、内容分销商。

（四）受众角色从单一线性到多重交叉

在传统媒体的传播范式下，受众角色是单一的、线性的。而媒体融合实践的出现，使得受众的角色发生了转变。受众可能会在同一时间一边上网浏览新闻，一边发帖表达自己的意见；也可以在看电视、听广播的时候，通过手机发送短信参与节目。受众同时扮演着观众、听众、读者、参与者与用户等多重角色，与媒介形成多渠道、高频率的接触。

如今，受众趋向分化，这客观上必然要求现有的各类相互独立的媒体优势互补、走向融合，从而将更全面、更丰富的信息与内容通过各种媒介及时、优质、快速、低成本地传递，以满足不同受众的需要。通过媒体融合的方式，媒介集团利用其规模优势，将可能扮演不同角色的受众最大限度地收归旗下，提高受众对整个媒介集团的忠诚度，从而争夺其他传媒集团的受众群体，扩大自己的市场份额。

（五）传播效果从一元效果到复合效果

传媒公司之间通过收购、合并等手段，进行产权、营运、产品上的整合，可以形成规模庞大的多媒体集团，通过同一集团旗下各媒体之间的互相支持、回馈和促销，达到了互相造势效果。例如，在互联网上进行实时电视广播，或为上网手机提供文字、图片和影像信息，同一集团内不同媒体内容的互动和整合，能够发挥协同效应，使媒体资源用途多样化，一物多用，既扩大了市场，又以相对较低的成本获取了较大的收益。

在媒体融合的背景下，应该注意的是，虽然传播渠道有一个集中的过程，但各种媒体作为接收的终端又是分散的，传播的最终效果仍然在每一个接收终端独立地实现着。只不过，在最终评价某一新闻信息的传播效果时会将这些相对独立的终端媒体的效果统合起来。这种传播效果与传统媒体的单一效果相比更为优质。

综上所述，媒体融合的理念对传统的新闻传播模式不可避免地产生了冲击和影响。

第二章　新闻传播的基本理论

科技的发展促进了新闻传媒的高速发展，给现代生活带来了诸多便利。融媒时代的到来，已经改变了传统新闻传播的渠道和途径，使得信息传播的效率更高。本章分为新闻传播的特点、环境与原则，新闻传播的功能与效果，新闻传播的模式、渠道及过程三部分。主要内容包括：新闻传播的特点、环境与原则；新闻传播的功能与效果；新闻传播的模式、渠道及过程等方面。

第一节　新闻传播的特点、环境与原则

一、新闻传播的特点

新闻传播具有显著的特点，概括来说，这些特点主要包括以下几方面。

（一）系统性

传播是一个系统，它具有一切系统所拥有的特征：复杂性、动态性、开放性、连续性等。首先，从单个的过程来看，传播的要素不仅包括传播者、受传者和信息，也包括传播的媒介以及其他噪音。传播者、受传者在传播信息和反馈的过程中受到本身的个性心理、知识经验、价值观及所属群体、组织乃至整个社会的影响；而传播的过程又将受到自然或人为的噪音的影响。因此，单个的传播过程并不是一个简单的过程，它与社会历史环境以及传播情境密切相关；其次，在现实社会的传播中，往往是许多的这种复杂的传播过程交织、穿插在一起。它们彼此作用，相互制约，形成了一个庞大的信息传播系统。这个系统是一个复杂的过程集合体，各种信息在其中形成、变化、融合、消亡；同时，这个系统处于与其他的社会要素或系统你来我往、相互影响的过程之中。传播系统不断运动，随着人类的产生而产生，随着人类的消亡而消亡。

（二）双向性

传播是一种双向的社会互动行为。传播者将信息传递给受传者，受传者又做出相应的反馈，二者始终处于你来我往之中。即使在传者传播递出信息后，受传者沉默不语，那也是一种反馈的形式。在所有的传播类型中，人际传播和网络传播的双向性较强，而组织传播和大众传播的双向性较弱。尽管有强弱之分，但是双向性是每种类型的传播都必然存在的特征。

（三）目的性

传播带有目的性是由于传播主体——人的行为总是带有目的性。相对于动物而言，人类的传播行为不是某种非条件反射或条件反射，而是有意图的精神活动，是自觉的。信息传播活动，在一定程度上消除了不确定性和未知因素。人类的各种传播类型都有着一定的目的性和自觉性。

（四）双重性

这里指的是传播手段、工具、介质的双重性。传播的工具或中介是信息，它不仅包含了物质载体——符号，也包括了精神内容——意义，二者密不可分。符号是有形的、可感的，没有符号我们就无从知晓他人的意图；意义是无形的、潜在的，没有意义传播就不起作用，二者缺一不可。

（五）广泛性

广泛性主要体现如下两个方面内容。

①传播内容广泛，容量巨大。人类对传播的内在需求是不断强化和多样化的。人们是自己的观念、思想等的生产者，他们受到自己的生产力的一定发展以及与这种发展相适应的交往的限制。这些最初直接与物质生产交织在一起的意识，一方面仍然受到生产力及与生产力相适应的交往的限制；另一方面，随着生产力的发展而不断得到加强的意识，又对交往提出了更多的要求，逐渐由单一的生存需求发展为政治、经济、文化和精神等方面的多种需求。

在早期，传播的内容主要是与生产劳动直接有关的信息，包括生产中出现的新情况、自然界的新变动等。后来，随着社会转型，人们对信息的需求急剧上升，要求获悉的信息内容不断扩大。随着资本主义生产方式的萌芽和发展，自给自足的自然经济封闭圈被打破，商品生产和交换日趋增多，人们的交往也日渐密切。在这种背景下，市场行情、交通信息等都成为人们关心的焦点。《循环日报》是我国第一批国人自办近代报刊中举足轻重的一张报纸。1874 年创办时，每期两小张 4 版，报纸两面印刷，其中，第一版为商业行情，第三、四版为航运信息及广告。“仓廪足而后知礼仪。”随着经济的发展，物质生活的丰富，人们的精神需求也在不断增加。与此同时，社会文化领域也在不断地活跃与发展，从而进一步丰富了新闻传播的内容。

发展至今，新闻传播的内容包罗万象，几乎覆盖了社会的方方面面。生活中的变化，包括政治、经济、文化、体育或其他任何方面的，只要及时进入大众传播媒介的视野，通得过新闻价值尺度的筛选，就能被纳入其传播渠道，传播出来成为新闻。

随着第四媒体——网络的发展，报刊、广播、电视开始走上因特网，原先的版面、时段等的限制被打破，传播的内容也更为丰富。

②传播范围广，受众繁多。大众新闻传播是一种由点到面的传播模式，受众具有全社会性。新闻传播的覆盖面是不断扩大的。不断扩大信息传播的覆盖面，是新闻传播自产生起就努力追求的目标。口语传播方便简单、亲切生动，但其缺陷也是显而易见的，其中之一便是容易受时间和空间的限制，因而传得不远、不广、不多。书写工具发明之后，笔纸的运用，改变了以往刀凿斧刻的状况，给人们的传播活动带来了很大的便利。但书写媒介有其先天不足，因此在生产能力和传播范围等方面都受到诸多限制。在人类拥有印刷手段之后，以印刷文字为信息载体的报纸的覆盖面扩大。而电子媒介的出现，使人类克服了远距离传输的难题。卫星通信技术及卫星广播和卫星电视的发展与普及，使人类进行大面积的跨国传播和全球传播成为可能。

（六）社会性

在传播学研究中，传播的主体是人，而人区别于动物的基本属性就是它的社会性，因此传播不可避免地带有社会性。人的传播活动在社会中进行，它促成了社会关系的形成，又反映了一定的社会关系。如果没有人类社会，人们就不会相互交流、共同协作，信息就没有形成的条件和空间，那么就不会有传播；如果没有传播，人们之间就不会凝聚在一起，也不会形成某种特定的社会关系，那么也就不会有人类社会。一旦社会关系形成了，传受双方就处于一定的社会角色和地位之中，他们传达的内容、语气、神态就会反映出他们之间的社会关系。

传播具有时空遍布性特点，无时不有、无处不在，作为人类的一种赖以生存和发展的基本行为，其是极其重要的。

（七）共同性

共同性强调的是传播者和受传者对信息理解的共同性。没有受者接收的传播是不完全的，称不上传播。传播的完整过程是传播者先编码，将要表达的意义转化为符号，通过介质传给受传者，受传者再对符号进行解码，转化为自己所认为的意义。而编码和解码是利用传播主体已有的符号系统、认知结构和知识经验进行的。如果要使传播顺利进行，这种编码解码工具必须相同或者有交集，也就是说，传播主体对符号的解释要具有共同性。

（八）共享性

信息不同于物质，它能够在瞬间不断复制，即使传递给他人，自己仍然拥有。在传播过程中，一个人所拥有的信息在传递、交换和扩散后，不仅就为他人所有，而且自己仍然保留。因此，信息的传播过程也是信息为传播者和受传者所共享的过程。另外，传播有着各种各样的类型，如口语、问题、图像等。人类的一举一动都伴随着一定的传播行为——总是携带和散发着某种信息。因此，传播还具有一定的行为伴随性和贯穿性。人的各种动作、表情、言语都会向人传播特定的信息。

（九）连续性

1. 连续性的含义

新闻是社会生活的纪实，新闻传播媒介要同步迈进，连续不断地反映现实生活的进程。世界是物质的世界，运动是标志物质世界一切事物现象以及过程的变化的哲学范畴。物质和运动不可分。物质是运动着的物质，物质世界处于永不停息的运动中，从宏观天体到微观粒子，从无机界到有机界，从自然界到人类社会，一切事物都在运动着，任何时刻都在变化、发展。

新闻传播媒介首要的社会职责便是守望环境。人类在自己的生存和发展中，需要及时了解周围世界的变化。早在人类社会的最初，人们就有了传播新闻的活动。而大众传播媒介的诞生，使新闻传播成为有目的、有系统、有组织、有相当数量的专业从业人员，有日益完善的设备与手段的大规模的社会活动。为完成自己的使命，大众传播媒介就必须组织精干的新闻传播工作队伍，以高度的新闻敏感，捕捉事物变动的信息。只有这样，大众传播媒介才能及时、迅速地向全社会做出真实、全面的报告，才能保证新闻事实符合现实世界的真实图景。

2. 连续性的体现

从宏观方面来讲，连续性是指大众传播媒介随时跟踪整个生活的变动进程，不断地传播新的情况、新的事物。连续性包括两点。

①新闻内容连续不断地更新。生活日新月异，大众传播媒介伴随着现实生活的发展进程，每天刷新自己的面貌，不断给人带来新的信息。恩格斯曾说，“在辩证法面前，除了发生和消失，无止境地由低级上升到高级的不断过程，什么都不存在”。正因为客观事物的运动和变化是绝对的，随着事物的运动和发展，新闻中揭示的事实会成为一般的普遍的事实。新的转化为旧的，就要有更新的来补充。新闻从总体来说是常新的，这就要求其个体必须是易逝的。只有有个体的易逝，才有总体上的常新。因此，作为新闻事业的细胞，新闻必须不断地新陈代谢，否则新闻事业的生命将会枯竭。

②新闻传播活动总是定期、定时进行，体现为传播状态上的连续性。以报纸为例。报纸的定义有很多，其中得到普遍认可的一个：“报纸是以新闻为主要内容的连续定期的出版物。”我们从中便可发现报纸的一个本质特征便是连续性。一张正规的报纸，它必定是由一个固定的组织负责，按照规定日期出版，而不是时而由这个组织负责时而由那个组织负责，也不会时而出版时而中断。通常，报纸有日报与非日报之分，日报又有早报与晚报之分。日报是每天都出版；非日报，如周报，也是在每个星期的某一天出版。而早报一般要在早晨出版，晚报一般是在下午出版。

广播和电视也一样。它们的播出时间一般都是固定的，什么时间开始，什么时间结束，都有明确的规定；而且，广播节目和电视节目的播出也都是按照事先安排好的时间表进行的。如中央电视台的《新闻联播》节目都是每天晚上19 点开始。任何媒介都不能对受众说：今天我们没有新闻，所以就不出版或播出了。

从微观层面来说，连续性是指大众传播媒介对某些重大事件，有时会跟随其发展过程，进行连续的传播，即所谓的连续报道，也称追踪报道、滚雪球式报道。连续报道一般用于正处在发展过程中的事物，即不断从新的角度，反映其过程的进展及其在社会上的反响，以形成舆论和引起读者的关注。换句话说，即对典型人物、事件或问题，从开始到结束，做一环扣一环的报道，使信息传播得到强化，受众接收信息的心理意向得以加强，进而使受众对报道对象及其蕴涵的意义有整体性系统性的理解。从类别关系上看，它区别于那种只是在事件开始或结束时搞一次性处理的单项式传播。它利用新闻信息之间的联系与制约关系，加以科学和艺术地组合之后再进行传播。

二、新闻传播的环境

新闻传播必然是在一定的环境中进行的，媒介生态对新闻传播的重要影响日益受到学界的重视。“社会制度、物质生活方式和民族习俗等构成传播环境，传播环境直接影响新闻的传播效果，在不同程度上改变新闻的预期目标，有时甚至使新闻内容受到抵制。适应一定的信仰环境、制度环境和文化环境的新闻，传播得更快，有更多的受众，圆满地体现出新闻固有的价值。”这也就是说，新闻传播及其传播效果的具体实现，直接受到新闻传播环境的制约和影响。

新闻传播除了受媒体的支配外，还受传播环境和受众的受阅取向的制约。具体来说，新闻传播效果要受到新闻价值大小的制约，受新闻质量的制约，受新闻政策的制约，受传播环境的制约；新闻传播政策则主要是社会制度的产物。

在新闻传播过程中，注意这些制约因素的影响，有利于实现新闻传播效果的最大化。因此，新闻传播者要研究受众的收视习惯，注意把多数受众关心的内容及时报道出来，并且报道内容和方式应符合受众的文化心理和生活习惯。传播技术的革新、先进技术手段的采用，能够提升新闻传播的实效性，进而给予受众良好的视听感受。

“新闻传播的环境实际是指新闻传播的社会空间与社会状况，包括政治制度、经济体制及其发展水平、文化习俗以及公众的普遍信仰与理念。”新闻传播的环境约有 8 种：政治环境、经济环境、文化环境、心理环境、法律环境、行为环境、媒介环境和自然环境。

由于新闻传播行为是在一定社会环境中发生的，新闻传播的速度、范围或产生的各种效果，不仅取决于新闻内容，还取决于传播环境。新闻传播与环境有着密切的关系，因此，新闻内容、报道方式和传播方式要与社会环境相适应。

国家或大型社会组织的权力运行程序，构成了社会的制度环境，新闻传播受到社会制度的制约。从新闻传播角度而言，新闻报道内容要符合国家的大政方针。国家或社会组织提出和确定新闻选择的标准，是以不危害社会制度为出发点的。影响社会制度政策运转的新闻，就要遭到制度的严格限制。

新闻传播要充分满足受众的需求，受众对理念的追求，构成新闻传播的信仰空间，又称为意识环境，具体包括理想、信念和价值观。

三、新闻传播的原则

（一）真实性原则

人类精神活动从根本上说是为了认识世界并改造世界、发展自身，新闻传播活动自然也是这样。新闻传播在人们认识世界的过程中所起的作用，就是提供客观世界的信息，以消除人们认识上的不确定性，进而有利于人们去了解、适应、应对、利用和改造客观世界。人们只有在获得了关于世界的真实情况时，才能做出正确的判断，调整自己的行动。新闻传播的意义也正在于此。相反，如果新闻提供的不是真实的信息，它就可能误导人们的思维和行动，给人们的生活制造混乱，造成精神和物质的损失，进而导致社会机体的失序。正因为如此，真实是人们对新闻的最基本的要求，因而传播真实可靠的信息、坚持新闻的真实性原则也就成为新闻传播者最基本的工作原则之一。然而，在具体的新闻传播实践中，由于种种原因，依然会出现虚假新闻和失实报道，这就要求进一步加大监督力度，从而改善这种损害新闻本原的不良现象。

（二）客观性原则

新闻的客观性原则是指新闻工作者要按照事物本身的面貌去报道。客观性原则包含两个相关的方面。一方面是指新闻传播者对事实的认知和判断的准确，从哲学上讲，所谓事实乃是“人的实践和认识活动对象的客观存在状态”，如果缺少实践能力，认识水平低下，文化知识缺乏，就不可能准确地把握事实，也就无法真实地报道事实；另一方面是指新闻传播者在报道时所采用的符号化手段能够准确地再现事实。新闻作品必须在何事、何人、何地、何时、为何、如何方面落实清楚。其中何事最为关键，是核心因素。因为新闻是事实的报道，先有事实后有报道，缺了“何事”，新闻就没有了对象和依据，根本无法成立。在新闻写作中，真实性原则要求语言文字的表述要准确，确保与其所报道的事实完全一致。同样，电视新闻的制作也须力戒补录、补拍、嫁接和以导演的手法来“造”新闻，而必须力求同报道对象的原来状态相一致。

（三）针对性原则

针对性原则是新闻传播必须遵循的一个重要原则，因为受众对新闻的接收行为具有个体化特点。不同的受众个性不同，性别、年龄、经济状况、社会地位、文化水平、政治态度、宗教信仰、文化背景、性格气质、人生经历等各不相同，对新闻的接收行为也不同。而且，人们接收新闻的具体目的也不同。这就要求传播的新闻具有针对性。而新闻传播遵循针对性原则，要具备一个重要的前提条件，那就是要对不断变化的受众有较为充分的了解。多年来，我国新闻界对受众的了解不够，具体来说，可从以下三个方面得到反映。

第一，对受众的研究较为滞后。受众研究虽然用不着如新闻那样今日事今日报，但实际上有更高的要求，即要能预测。而中国目前的受众调查研究大多是滞后的研究，用以解释过去的多，用以预测将来的少。

第二，对受众的认识较为模糊，感性有余，精确、科学不足。传者对受众的了解主要来自感性体验，容易模糊、片面。从 20 世纪 80 年代开始，受众调查研究进入了我国新闻从业人员的视野，科研机构和新闻机构陆续地进行了一系列受众调查，有了一批成果，也集结了一批专家。但从整体来看，中国新闻界对受众研究并没予以应有的重视，拍脑袋想当然的成分较大。中国受众研究水平还有待大幅度提高，某些新闻单位做的受众调查，从问卷设计到资料分析，再到调查报告的写作都有不规范、不科学的痕迹，有的甚至贻笑大方，因为新闻单位中进行受众调查的人，往往是从记者编辑中抽出的非专业人员。新闻单位的不重视，也阻碍了受众研究市场的培育和发展。

第三，受众研究的系统性和长期性较为欠缺。对受众的了解应该是个不间断的过程，有专门的组织和人员予以保证。国外一些新闻机构可以为我们提供一些可资借鉴的经验，他们定期地请进来、走出去，随时回馈传播信息，以供决策层利用。

（四）适量性原则

新闻传播中的适量性原则，主要是指新闻传播中的信息要适度，如果新闻信息过杂、过多，那么大量的信息接收活动会导致受众精神疲劳，带来“信息焦虑”和“消化不良”，同样收不到好的效果。要对适量性原则进行深入的理解，首先要对“不适量”进行了解和认识。一般来说，不适量主要表现在两个方面：一个是信息量不足，一个是信息过剩。

信息量不足主要体现在两个方面：一是异质信息不够；二是高质深层信息不够。异质信息不够产生的原因是中国新闻媒介习惯于顺大流，对新闻的选择以及分析，视角独特的不多，导致同质信息累积，异质信息数量明显不足。高质深层信息不够产生的原因是新闻传播讲求快和新，不可能像进行科学研究那样充分挖掘高质深层信息，但受众对这类信息有大量需求。新闻传播者如果仅停留在表层低质的信息传播上，会失去受众，其实质是对受众新闻信息知悉权的无形剥夺。高质信息少的原因有很多，或因被采访对象的阻挠、各种社会力量的干涉，或因传播者本身素质不高等。

信息过剩往往为新闻传播者所忽略，以为新闻信息越多越好。信息过剩会带来负面效果，甚至会抵消、冲击传播的正面作用。

（五）公益性原则

新闻传播的公益性原则，指的是新闻传播的内容与形式都要有益于社会的公共利益，要负责阐明社会美德与目标，要将社会利益与公众利益放在首位，而不能单纯以盈利为终极追求，以至于用庸俗的内容与形式迎合公众的不健康需求，对社会的长远利益不负责任。

新闻传播的大众传播性质，决定了新闻传播必须遵循公益性原则。新闻传播的服务对象是社会大众，新闻媒介长年累月不间断地传递着大千世界的各类最新信息，对信息内容和传播方式的取舍，必然影响着公众的认知水准和精神世界。从某种程度上可以说，新闻传播塑造着社会精神。而且，坚持公益性原则，对社会负责，其实也是对新闻媒介自身负责。如果新闻媒介败坏社会美德，终究将败坏自己。

新闻传播要切实遵循公益性原则，即必须确保新闻传播的内容、形式等都是健康向上的，要自觉维护党和国家的利益，维护广大群众的利益。

（六）时效性原则

时效性包括时新性和时宜性。时新性是指新闻报道要尽量缩短与新闻发生之间的时间差。具体来说，就是从报道内容上来讲，新闻所反映的事实要新。这里的“新”不仅指事实是刚刚发生的，也包括对过去发生的不为人知的事件的披露和发现。在时间的坐标轴上，每后一点相对于前一点都是新的，新的时间里发生的事件并不都可以作为新闻，往往是那些超出常规、不可预测、闻所未闻的事件更为新闻传播者所青睐，也更为新闻受众所期待。时宜性也称适时性，是指新闻报道在快的前提下，也要掌握火候，该压的时候要压一压，以在最适宜的时候传播来获得最佳传播效果。

（七）利益性原则

新闻传播的利益性原则，指的是新闻传播活动要对它所从属的集团的利益进行有效的维护。

关于这一点，社会主义和资本主义国家的新闻传播理论是存在一定的差异性的。一般来说，传统的资产阶级新闻传播理论是否认利益性原则的，试图以公众利益覆盖、掩饰集团利益。但集团利益在新闻传播中的体现横亘在眼前，一些资产阶级新闻传播学者只要愿意，就可睁眼即视。无产阶级对新闻传播的利益原则非常重视，要求必须遵守，并具体表述为新闻工作的党性原则。

（八）受众最大化原则

受众最大化原则是指新闻传播要尽可能地吸引更多的受众。新闻传播虽然也可以通过人际、组织等形式传播，但现代意义的新闻传播主要以大众传播的形式呈现。可以说，广大受众是新闻传媒存在的基础，失去这一基础，新闻传媒就如无本之木，无源之水。

第二节　新闻传播的功能与效果

一、新闻传播的功能

（一）新闻传播的直接功能

直接功能来自媒介内容给人的思想和生活带来的变化，影响人们对环境的认知，以便更好地认识环境，适应或驾驭环境。新闻传播的直接功能，归结起来有以下几种。

1. 提供信息，沟通情况

传送和接收信息是传播的基本功能，这是其他功能与作用的基础。新闻传播媒介的所有其他功能都是在信息功能的基础上产生的。人们之所以需要新闻传媒业，最主要的就是为了从中获取各种与自己利益相关的信息。人们获得的信息越是丰富和优质，就越能够判断正确、预见准确，活动的选择余地就越大。

从小处来说，人们需要了解衣、食、住、行等方面的最新行情；在丰富物质生活的同时，人们对精神消费也有了更高的期待，因此更多的关于娱乐、健身等方面的信息也出现在新闻传播当中。从大的方面来讲，个体与组织、社会与国家、政治团体与经济实体，都需要随时了解世界的变动情况。在现代这个信息社会中，生产技术的发展、科学知识的更新、社会生活的变化，都呈现出前所未有的速度。人们之间的交往日趋频繁，联系越来越密切，这都需要掌握各方面的信息，以便随时调整自己的言论和行动，适应情况变动的需要。

与传递信息相联系，沟通情况也是新闻传媒业独特的社会功能。新闻传播媒介通过提供大量的信息，做到上情下达、下情上达，使党和政府的思想观点、方针政策及时为群众所了解。同时，政府和各职能部门知晓群众的愿望、意见、批评和建议，新闻传媒真正成为信息沟通的“纽带”和“桥梁”。

在现实社会中，新闻传媒还扮演着“陈望者”的角色，引导人们齐心协力地适应环境，共同克服环境中的不利因素。这一作用由以下环节构成：一是提供环境信息，使人们正确认识环境；二是使社会各部分通过适应环境而建立联系，协调行动，促进社会整合；三是通过不断积累最新信息，形成人类的生存经验，建立社会行为规范。总的来说，提供信息、沟通情况是新闻传媒业最主要也是最基本的社会功能。新闻传播每日传递着大量的信息，能使个人认知环境变动；能够为组织机构的决策提供参考和依据；能使社会各界沟通情况、交流意见，实现政治民主化、决策科学化、社会运行良性化。当然，这些功能的实现需要一定的物质和制度环境的保障。

2. 监测环境，舆论监督

新闻传播媒介监测环境与引导舆论的功能是密不可分的。新闻传播媒介通过及时、快速地对外界环境的变动情况进行了解，报道自然环境、社会环境、政治环境、经济环境等方面的最新状况，在把握客观事实的基础上，实现舆论监督的功能。

（1）监测环境

自然环境与社会环境是不断变化的，新闻传播及时地把外界的变化告诉人们，给人们提供生存的经验和教训，提供一种行为方式，从而促使人类社会维护自身的生存和发展。

媒介通过源源不断地传递方方面面的信息来反映社会各方面的变动，延伸了人的视觉和听觉。“人们从新闻传媒上了解各种新信息，扩展视野，随时知道周围环境的变动，预防或应对可能遭遇的不幸事件，这就是媒介守望环境的功能。”新闻传播媒介对社会起着一种“陈望哨”的作用，成为人类活动的守望者。新闻报道的内容涉及自然环境、社会环境、政治环境、经济环境和国家环境等各个方面，对这些方面的情况做出及时、全面地反映，对监视人类的生产环境有特殊的警示意义。

19 世纪末，西方建立了发达的机械、化工和石油企业，人类的生存环境受到了严重的破坏，环境新闻开始出现在美国的报刊上，提醒人们对这一现象进行关注，同时在报刊的推动下掀起了“自然资源保护运动”。

到 20 世纪后半期，多数媒体重视环境报道，环境新闻更是大量涌现。在环境新闻的引导下，人类守卫家园的共同行动孕育出一种“绿色意识形态”及一系列环境立法，形成了一套有关环境的理论。在这个过程中当代传媒发挥了重要的守望功能。

（2）舆论监督

对于新闻传播来讲，舆论监督就是新闻媒体针对社会上某些组织或个人的违法、违纪、违背民意的不良现象及行为，通过报道进行曝光、揭露、批评，抨击时弊，抑恶扬善。舆论监督具有公开性、传播快速、影响广泛、揭露深刻、导向明显、处置及时等特性和优势，这使得它虽没有强制力，却在一个国家的政治、经济和社会生活中极具影响力。但是，舆论监督的威力并不是来自新闻本身，而是来自新闻背后所代表的民意。新闻传媒是实现舆论监督不可缺少的公共平台。

①新闻传播媒介实施舆论监督的条件。“新闻是舆论形成的基础和依据”，新闻传播机构总是以最快的速度将最新发生的事件报道给社会，人们了解到事实的真相后，就会做出评判、发表意见。在民主政治制度的框架里，新闻传播媒介要进行舆论监督，其首要的条件是信息公开和言论自由。新闻舆论监督有赖于两个基本条件：一是提供足够的舆论信息，即可以形成舆论的事实和情况，使人们对经济生活、政治生活及社会生活有充分的了解；二是在拥有信息的情况下，对各种政治、经济和社会现象等进行理性的、坦率的评论。

公开是民主政治制度必备的程序，是现代民主政治的基本前提，也是新闻舆论监督能够发挥作用的前提条件。这一方面要求新闻媒体主动地去满足公众的知情权，推动政治权力运作的公开和透明；另一方面则要求政府借助新闻媒体，使公众对与自身利益有关的事物有充分的认知。公众只有充分了解了事物的情况，才能够形成对事物的看法，进而交流关于事物的观点，形成舆论，实施舆论监督。

②新闻传播媒介的舆论功能。新闻传媒的舆论功能表现为正确反映舆论，让社会公众通过媒介接触舆论信息。就我国新闻传媒业来说，表达社会舆论，就是反映人民的声音，将民众的愿望、意见、建议，甚至批评等通过新闻传播媒介传

递给政党和政府。政府在把握社会民情动向的基础上，调整相关政策，改善和加强领导作用。由此可见，新闻传播媒介在发挥舆论监督功能方面，有其独特的地位和作用。

一是反映社会舆论。首先，舆论是新闻报道的重要内容，新闻媒介对社会热点问题的许多报道，大多是社会上已经形成的舆论，如物价问题、住房问题、精神文明建设问题等。人们对这些问题的态度、看法和评论，往往都是新闻报道的重要内容；其次，“新闻传播活动为舆论提供了存在和发展的空间和舞台，是社会成员之间在最大范围内自由讨论、广泛交换意见、表达民意的最有力工具”。

只有新闻传播关注的舆论才能使公众得到舆论的整体形态，舆论只有通过新闻传播媒介的报道，才能获得宣泄和疏导。新闻传播所反映的社会舆论能形成一种无形的精神力量。当新闻传媒业正确地反映舆论时，社会舆论就会形成推动社会前进的巨大的精神力量；相反，如果新闻传媒业不能及时反映社会舆论，将会极大地影响自身的公信力，以致受到公众的质疑。

二是引导舆论。新闻传媒业对舆论的反映并不是消极被动的。一般而言，新闻传媒总是从自身的立场出发，洞察舆情，审时度势，积极引导舆论向有利于国家、社会和自身的方向发展。在反映什么样的舆论这一问题上，新闻传媒业带有自身的倾向性，这是不可避免的。传媒通过新闻报道，扩大其认为是正确的、有利的舆论影响，抑制其认为是错误的或是不利的舆论影响。

三是实施舆论监督。现代新闻传媒业的形成和发展，一直伴随着民主政治的建设过程。民主政治对权力运作的约束，要求公共权力具有公开性和透明度。在民主政治的格局中，人民以其知情权和言论自由权参与国家政治活动，并监督公共权力的运作，而人民行使这种权力依靠的就是现代新闻传媒与舆论监督。西方国家的新闻媒介被称为立法、司法、行政之外的第四种权力，强调的是新闻传媒业作为社会监督机制的特质和功能。我国新闻传媒作为党和人民群众的耳目喉舌、沟通人民群众与党和政府之间的桥梁、连接人民群众与党和政府的纽带，担当着舆论监督的职责，对滥用权力、腐败堕落、违法犯罪等一系列有违于正常秩序、有害于人民群众的行为进行披露曝光，以顺应民意、预警社会、维护公正。

（二）新闻传播的社会功能

报道新闻是大众媒体的“第一功能”，是其他功能实现的基础。新闻媒介被形象地称为“社会守望者”“社会雷达”“社会监视器”。它们都是在强调新闻事业的环境守望功能。传播学者拉斯韦尔在《社会信息交流的结构与功能》中说：

“在动物社会里，社会成员扮演着专业分工的角色。有的从事环境的监视，负责担当哨兵，在距离动物群较远的地方活动观察周围的环境。一旦有危险，就立刻大声吼叫起来。运动着的动物群，一听到‘哨兵’的吼叫声、啼鸣声、尖叫声，便会应变而迅速地行动。”如今在信息时代，受众们更是如饥似渴地追逐着自己感兴趣的新闻，以此来适应环境的变化。

1. 新闻报道的社会功能

大众传媒通过专业新闻活动发现社会中丑恶的事实并将其公布于众，从而起到抑制丑陋现象的作用，促使社会能够按照规范有序运行，这被称为新闻的监督功能。舆论被称为大多数人的意见，它对个人、社会群体乃至政府都能起到一定的制约与监督作用。

（1）国内新闻报道的社会功能

各类新闻报道涉及社会生活的方方面面，能够满足不同受众的不同需要。比如，近年来很受欢迎的民生新闻，将平民在生活中遇到的酸甜苦辣披露出来，尤其是将他们无奈的投诉、遭遇的不公及时报道出来，引起了政府的重视，促进了民生、民权问题的解决。又比如体育新闻和娱乐新闻，因为人们有了较好的经济条件和更多的休闲时光，休闲娱乐成了现代人生活中不可或缺的内容。

（2）国际新闻报道的政治功能

从政治角度看，国际新闻的功能主要体现在以下六个方面。

①通过提供国际政治信息，满足受众的知情权。国际新闻是民众了解国际形势和国际舆论的主要渠道。每当重大的国际事件发生，人们都希望了解国外发生了什么重大事件，以及各国政府对这一事件的态度等，这些都要靠国际新闻传播。在现代政治条件下，国际新闻媒体通过信息传播已经成为国际舆论的主要代言人，而国际舆论直接影响政府的决策。

人民日报社旗下的《环球时报》是国际评论的典型，虽然它主营国际报道，但是，它惯用的是中外对比式报道，提供经验之谈。虽然它做了很多国际报道，如今反而是它的国际评论更出彩，更能反映中国在国际评论上的开放。

②通过议程设置影响国际舆论，建构话语权。例如，美国媒体对越南战争的报道影响了民众对战争的态度，对海湾战争的报道则影响了世界舆论关注的焦点。

③服务国际战略及外交，维护国家利益。国际战略，“是指一个国家对较长一个时期内整个国际格局、本国的国际地位、国家利益和目标，以及相应的外交和军事政策等总的认识和谋划”。外交是国际战略的组成部分，而且是一个短时

期显现出来的现象，新闻报道也以及时和迅速为基础，所以在这一层面上，国际新闻与外交的关系极为密切。国际新闻影响外交的方式主要有以下几个方面：首先，国际新闻报道可以为外交政策或重大的外交活动营造声势，烘托气氛，进行舆论铺垫；其次，除了官方和情报信息外，国际新闻报道也是外交决策重要的消息源；最后，传媒还通过国际新闻报道直接参与外交进程。由于传媒的加入，外交的内容和形式也日益丰富，外交的透明度和民主化都在提高。

④监督政府或国际社会，促进民众的政治参与。尽管政府和媒体都服务于国家的整体利益，但是维护的方式并不完全相同，媒体的国际新闻报道在服务外交政策的同时，也可以在监督政府的对外政策方面发挥重要作用。另外，媒体对国际社会的监督分两个层次：一个是其他国家媒体对某一国家的外交政策的批评；另一个就是对全球性事件的公共话题的报道，从而促使公民自愿通过各种方式参与到政治生活中来。

⑤展示“软实力”，建构国家形象。国家形象，是“国际社会公众对一个国家相对稳定的总体评价”，是“一个主权国家和民族在世界舞台上所展示的形状相貌”。可以列出一个公式：国家形象 = 国家行为 + 媒体传播 = 国际社会公众的总体印象和评价。

⑥社会动员与政治社会化。社会动员是指“人们所承担的绝大多数旧的社会、经济、心理义务受到侵蚀而崩溃从而获得新的社会化模式和行为模式的过程”。国际媒体的报道在许多国家的现代化过程中发挥了社会催化剂和动员令的作用，特别是国际新闻的报道。所谓政治社会化是指公民获得指导政治生活的习惯和规则的过程，政治信仰和规范借以代代相传。大众传播在政治社会化中发挥作用的主要方式：提供政治信息；表达政治意见；提供榜样示范；引导国民等。国际新闻报道可以起到传递政治价值观和固化意识形态的作用。

（3）国际新闻报道的经济功能

国际新闻中的经济报道分为国际经济报道、对外经济新闻传播和全球性经济新闻报道三部分。国际经济报道探讨的是生产要素在国家之间的流动与控制问题，与国际经济学一致，在内容上可以分为国际贸易、国际金融和国际经济关系报道三个方面。

对外经济新闻传播的主要目的是在向接收者宣传本国文化和生活方式的同时，提供更多的可供经济决策的信息，促进本国经济的发展。而全球性经济新闻报道则是经济全球化和跨国媒体集团的伴生物，主要是指世界性通讯社和跨国媒介集团对世界性经济事件和现象的整体性报道。这些报道从各个方面丰富着我们对世界经济信息的了解。

在提供经济信息的同时，国际新闻的经济功能还有解读各国经济政策和社会经济活动、监督社会的经济运行、传播经济意识和消费观念、促进本国和国际经济的发展。例如英国凯恩斯主义从提出到登上正统地位仅仅用了十年时间，其中尽管有各国政府的重视，但是与媒体的充分报道也不无关系。

在国际新闻领域，国际新闻本身也是可以带来利润的商品，国际新闻的交换、购买和收看都离不开经济因素，而著名的国际媒体也往往是著名的商业企业。国际新闻商品化是与媒体的企业化和市场交换机制的形成同时开始的。美国有线电视新闻网的创立是国际新闻商品化的典型。那么，媒体有没有国际公信力？通过报道国际新闻，是否就能提高一个媒体的国际公信力？媒体的国际公信力和国内公信力有什么关系？国际公信力是建立在国内公信力的基础上的吗？如果一个媒体在国内都没有公信力，谈何国际公信力？归根结底，媒体还是一种国家产物，它的主要读者应该是在国内。进一步说，国际报道和国内报道是什么关系？如今在中国看来，前者比后者透明，这是一种独特的现象。问题是，这二者能拉开多大的距离呢？如果说没有国内报道做基础，国际报道又能单独走多远呢？

（4）国际新闻报道的文化功能

国际新闻与文化和跨文化传播具有密切的关系，新闻本身就是一种文化的符号和载体，国际新闻也是跨国跨文化的新闻。“所谓社会整合，也就是一个特定社会成员通过某种方式而凝聚在作为社会核心的价值观、信念周围，彼此结成紧密关系并在行为方式上基本保持一致。”国际新闻提供的社会整合包括两个层次：首先，它可以通过传媒新闻而增加国家层面的共同体意识；其次，在当代全球传播的环境中，国际新闻传播还可以增强人类的共同意识。

2. 新闻评论的社会功能

所谓新闻评论是传者借用大众传播工具或载体，对新近发生或发现的新闻事实、问题、现象直接表达自己意愿的一种有理性有思想有知识的论说形式。

（1）培养受众理性

党的方针、政策反映了最广大群众的根本利益，也是群众最关心的问题。宣传、解释党的政策是新闻评论的一项基本任务。对于一项新的政策，它的基本精神、要点、意义何在？执行过程中产生这样或那样的阻力，如何解决？这些问题都需要新闻评论及时进行宣传和回答。当前农户兼业化、村庄空心化、农村老龄化的趋势愈发明显，今后谁来种地成为全民关注的热点。

（2）教育受众的功能

新闻评论大多数是就每天发生的新闻事件和各种新问题做文章。现代生活瞬息万变，新事物新问题层出不穷。人们读报对某事某人不仅要知其然还要知其所以然，了解它们的来龙去脉、社会意义以及与自己的关系。新闻评论正是在这里显示它的特有功能。评论作者以其敏锐的眼光和深刻的洞察力观察生活，分析问题，寻幽探微，力求发掘事实的本质及其丰富的内涵，帮助读者认识社会和自己身边发生的事件，获得思想上的启迪和教益。

（3）舆论监督的功能

具体来说就是反映民意，进行舆论监督。新闻评论既起到党的喉舌的作用，又起到人民喉舌的作用，即反映群众的呼声要求，为民立言；它对党和政府的工作，对社会各个方面，起到舆论监督的作用。近年来，一些地方靠出卖耕地、林地、山地乃至湖泊获取经济利益的事情屡见不鲜，在一些地方，卖地甚至成为地方经济发展的支柱。比如，如何避免土地审批权集中于某个部门甚至某些人，如何完善对地方政府及官员的政绩考核，等等，都需要我们认真思考。针对上述问题的评论发出的呼声的确发人深省。

二、新闻传播的效果

（一）新闻传播效果的分类

任何一项传播活动，传播者总是抱有希望达到某种预期效果的主观意图。

这种主观意图和预期效果能否实现及其实现的实际情况就是传播效果。就新闻传播而言，“效果”是指传播者传播某一主题信息之后，受传者对这一主题信息所做出的反应，即新闻信息到达受众后在受众那里所引起的认知、态度和行为等层面上的变化，也就是传播者主观意图与预期效果的实现程度。

新闻传播效果依其发生的逻辑顺序或表现阶段可以分为以下三个层面。

1. 认知层面的效果

认知心理学把认知概括为人的全部心理活动，并把人看成计算机式的信息加工系统，着重研究人的高级心理活动，如知觉、记忆、学习、语言、思维、创造的性质、结构和操作方式等内部机制。其主要观点包括以下几点。首先，人不是机械地接收外界刺激并做出反应的被动体，而是有选择地获取、加工（或同化）外界刺激，在与外界环境的相互作用中将刺激纳入机体，构建出认知结构；其次，认知过程是信息加工过程，不仅对外部环境事件进行加工，而且对自身的操作活动进行加工。人的信息加工系统主要由感觉、记忆、控制和反应四个子系统构成；最后，运用现代科学手段主要不是观察或改变人的外部行为，而是了解和分析认知程序和结构状态，并通过设计教育方案来改进认知活动，发挥认知的作用。在现代社会，社会分工的细化，使得人们不可能事必躬亲，因此，对周围世界的了解和认知在很大程度上依赖于新闻传播媒介。新闻传播媒介的主要功能是传递新信息、报道新事实，但它们并不是“有闻必录”，而是有所选择的。新闻传播者的主观能动性及新闻信息的主观性都在影响着我们对周围环境的印象与理解。受众这种认知层面的效果，在传播学中也称为“视野制约效果”。

2. 态度层面的效果

所谓态度，是指人们对事情的看法和表现出来的举止神情，以及准备采取的行动。早在两千多年以前，古希腊哲学家亚里士多德就曾指出：“演说者须显示他具有某种品质，须使听众认为他是在用某种态度对待他们，还须使听众用某种态度对待他，这些办法大大有助于使人信服。”在报道新闻和传递信息的同时，新闻传播媒介也担负着舆论导向的职责，即在新闻报道中，通常包含着是与非、善与恶、美与丑、进步与落后的价值判断。这些带有导向性的公开传播的信息作用于人们的观念或价值体系，从而引起人们情绪或感情的变化。这样，新闻传播就起到了引导舆论、形成规范与维护受众价值观的作用。

3. 行为层面的效果

所谓行为，是指人对环境刺激做出的反应。人与任何生物有机体一样，必然处于一定的环境之中，也一定会受到环境的刺激。人为了生存和发展，必须对各种刺激做出反应，以适应（改造或改变）环境。人的这种受刺激和做出反应的过程就是行为。在信息传播过程中，行为效果是受众接收信息后在行为上发生的变化，它是建立在认知效果、心理效果和态度效果基础之上的。从“认知”到“态度”再到“行动”，是一个效果的累积、深化和扩大的过程。

所谓短期预期效果，包括“个人的反应”和“对媒体集中宣传报道活动的反应”两种情况。前者是指特定的信息在个人身上引起的认知、态度和行动的变化。后者指的是一家或多家媒介为达到特定目标而开展的说服性宣传运动，如促销广告、社会募捐等，这类效果通常作为受众对媒介意图的集合反应来把握。通常认为，媒介的短期效果会在一段时间后消失，但是这并不意味着及时反应就不重要。例如，新闻报道中涉及的有关犯罪情节的报道，在受众那里所引起的可能是短期的兴奋效果，但不可否认这种短期效果也许会演化成长期效果。其结果可能比长期效果更为严重。

所谓短期非预期效果，也包括“个人的自发反应”和“集合的自发反应”两类。前者指个人接触特定信息后所发生的、与传播者意图无直接关系的模仿或学习行为，这些行为可能是有利于社会的，如从中学习知识或领悟人生道理；也可能是反社会的，例如接触有害的传播内容所诱发的青少年犯罪等。后者主要是指社会上许多人在同一信息的刺激和影响下发生的集合现象，如物价上涨信息引起的抢购风潮、重大事件报道引起的社会恐慌或骚动等。“集合的自发反应”中有一些是健康有益的，也有一些可能是非健康的甚至是有害的。但传播学者们更加关注由信息传播引起的突发性集合行为对正常的社会秩序造成的破坏性结果。积极地预防这类破坏性结果的发生，是新闻传播媒介应承担的社会责任。

所谓长期非预期效果，指的是整个新闻传播事业日常的、持久的传播活动所产生的综合效果或客观结果，例如大众传播对个人社会化过程的影响，传播媒介在社会的政治、经济、意识形态和文化的发展变化中所扮演的角色和发挥的作用等。由于这种效果受到整个新闻事业性质的制约，不以个别媒介或传播者的意志为转移，所以通常把它归入非预期效果的范畴。

（二）新闻传播效果的实现

所有新闻传播者都希望通过传播行为实现自己的传播意图，以达到预期的传播效果。但是，在新闻传播的实践中，往往有许多传播者无法达成自己的传播意图，甚至事与愿违。于是，分析影响新闻传播效果的因素、探讨增强新闻传播效果的途径，便成为非常必要的事情。

一般认为，影响和制约新闻传播效果的因素主要有新闻传播媒介的可信度、新闻传播者的传播策略和传播对象对传播内容的认同等三个方面。在新闻传播过程中，传播者作为传播的主体无疑处于优越的地位。他们不仅掌握着新闻传播媒介，而且决定着信息内容的取舍选择。但是，他们要实现传播意图和取得预期的传播效果，必须逐渐树立良好的形象，增强可信度。媒介的可信度测量的是传播者在受众心目中的形象。根据美国传播学者霍夫兰等人的研究，传播媒介的可信度主要由“能力”（即传播者的专业化程度）、“无私”（即传播者在讯息背后的动机）和“一致性”等三个部分组成。所谓一致性是指传播者对某一事件的立场是否始终如一，对各种有关事件之间的立场是否互不矛盾，言行之间是否互不矛盾。

在中国，新闻传播媒介的可信度与这三个因素密切相关，但表现形式有所不同。

首先，新闻传播媒介的可信度来自新闻传播媒介的权威性。这种权威性包括新闻传播媒介的政治立场、宣传方针和对新闻事实的价值取向。如果新闻传播媒介的政治立场、宣传方针和价值取向能够反映和代表绝大多数受众的需求，则其所产生的传播效果必定是正面的或正向的。如果新闻传播媒介的政治立场、宣传方针和价值取向偏离广大人民的利益和要求，则其产生的传播效果必定是负面的或反向的。

其次，新闻传播媒介的可信度来自新闻从业人员的信誉。新闻从业人员的信誉包括诚实、客观、公正等方面的品质。新闻传播者的可信度与传播效果之间的关系成正比，即传播者的信誉越好，媒介的可信度越高，传播效果就越好；反之，传播者的信誉越低，媒介的可信度越低，传播效果越差。

最后，传播媒介的可信度来自传播内容适度的信息量。一般来说，判别一家新闻传播媒介是否优劣，要考虑其传播内容信息量的大小，但也不是信息量越大越好。心理学研究表明，人们在接收信息时，注意力会随着时间的推移而产生疲劳并衰减。所以，一个节目再好也不能无限制地延长时间。如少年儿童理解能力差，集中注意力的时间短，所以针对少年儿童的节目时间就不可过长，信息也不宜堆得过多。但像中央电视台的《新闻联播》等新闻节目，就要有相当数量的信息量，不然就会显得拖沓冗长、空洞无物，无法取得良好的传播效果。

新闻传播是传播者和受众的互动过程，受众是否愿意接受传播内容和接受的程度如何直接影响到传播效果的“有无”和“大小”。从这个意义上说，受众是否愿意接受传播内容是制约传播效果的根本因素。如果受众接收到某项新闻信息，对此表示认同，并受到一定程度的正面影响，这种传播就称为有效传播。如果受众没有接收到某项新闻信息，或虽已接收但不愿接受，那么传播者的传播意图就无从实现，这样的传播属于无效传播。不过，受众的情况千差万别，即便是同一传播者运用同一种方法传达同一内容的信息，在不同的传播对象那里所产生的效果也是不同的。首先，从传播对象的个性与传播效果的关系上看，每个人都有自己的个性，有的人比较容易接受他人的意见或劝说，有的人则固执己见。实践表明，自信心越强的人，可说服性越低；自信心越弱的人，可说服性越高；其次，从人际传播网络与传播效果的关系上看，每个人都生活在一定的人际传播网络中，而在人际传播网络中，有一类对大众传播起促进或阻碍作用的活跃分子，他们就是“意见领袖”。意见领袖均匀地分布在社会上任何群体和阶层中，他们社交范围广，对大众传播接触频度高，接触量大，拥有较多的信息渠道，容易对一般受众产生影响。所以，媒介信息到达一般受众时，已经经过了意见领袖的过滤，这势必会对传播效果产生重要影响。大众传播媒介认识到这些人的存在，增强受众定位意识，无疑具有重要意义；最后，从群体规范对传播效果的影响上看，如果传播内容与群体规范一致，则群体规范可以推动成员接受传播内容，起到加强和扩大说服效果的作用；如果传播内容与群体规范不一致，则群体规范会阻碍成员对传播内容的接受，使传播效果产生衰减甚至出现“逆反效果”。总之，一个成功的媒介都有一个特定的受众群体，只有针对不同受众的特点，细分媒介的受众定位，才能取得预期的传播效果。

第三节　新闻传播的模式、渠道及过程

一、新闻传播的模式

传播模式的研究最早可追溯到古希腊的亚里士多德时期，现在更呈蓬勃发展之势。所谓模式，就是“对事件的内在机制以及事件之间关系的直观和简洁的描述，它是理论的一种简化形式，能够向人们表明事物结构或过程的主要组成部分，以及这些部分之间的相互联系”。

模式具有易于把握主体和整体，便于研究者提出新构想的长处，因而被当今的研究者广泛采用。有不少学者认为，与其他各门学科甚至经济学相比，模式用得最多也最成功的要数传播学。在这一部分中，将对一些较为重要的新闻传播模式进行详细阐述。

（一）五个 W 模式

五个 W 模式是由美国政治学家哈罗德·拉斯威尔在《社会中传播的结构与功能》一文中提出的。

1. 新闻传播者

这里的新闻传播者，指的是新闻传播过程中，信息传出一端的个人或组织。新闻传播者是个很宽泛的概念，既可指大众传播的传播者，如新闻媒介及专业新闻工作者，也可指个人传播和组织传播中传播新闻的主体。

新闻传播者一般在传播过程中处于主导地位，对于新闻信息、传播方式、渠道的选择和效果都有相当大的控制权。

2. 新闻信息

这里的新闻信息，指的是被传者“符号化”的新闻内容。任何一条新闻，一般都包括六个要素，即五 W 一 H，何人（Who）、何事（What）、何地（Where）、何时（When）、何故（Why）和如何（How），信息是新闻传播的“纽带”，它连接着传播者和受传者，必须同时符合新闻传播者“欲被人知”和新闻受传者“欲知”两个条件，从而形成共通的部分。

3. 新闻传播媒介

介于新闻传播者与受传者之间，用以负载、扩大、延伸、传递特定符号的物质载体，便是新闻传播媒介。在新闻传播中，新闻传播媒介是不可缺少的“通道”。而且，新闻传播媒介的状况直接影响着新闻传播的数量、质量和传播效果。

在当前，居于主导地位的新闻传播媒介除了传统的报纸、广播、电视外，还有手机、计算机等多媒体网络。而随着科技的发展和社会需求的增加，新的新闻传播媒介还将不断出现。

4. 新闻受传者

新闻受传者，就是接收新闻信息的个人或公众。新闻受传者是新闻传播的“目的地”，在新闻传播过程中有着举足轻重的地位。

5. 新闻传播效果

所谓新闻传播效果，就是新闻传播后对社会和个人所产生的影响。它既是传播过程的最终结果，也是对任何传播过程的总体评价，是新闻传播的“检验器”。

新闻传播的效果对传者、受传者、社会来说，有时评价会一样，有时甚至差异很大。因此，研究新闻传播效果不可一概而论。

（二）申农—韦弗模式

申农—韦弗模式是信息论创始人申农和韦弗在 1949 年提出的。该模式的提出，与信源这一概念有着密切的关系。信息来源即信源，它是新闻的提供者和采集地。从严格意义上来说，信源也是新闻信息的一个部分。信源不同，即使是同样的信息，对传播者、受传者来说，也具有不同的意义。新闻信息来源可能是直接的，也可能是间接的，或者两者共有。

该模式对信息从信源出发通过发射器和通道，接收器将信号还原为信息，传递到信宿的过程进行了详细的描述。该模式虽然是从通信工程中抽象出的数学模式，但对后来的大众传播模式研究有较大的启发作用。

（三）奥斯古德—施拉姆模式

1954年，传播学者施拉姆在奥斯古德观点的启发下，在《传播是怎样运行的》一文中提出了这一模式。这一传播模式对编码、译码的问题较为关注，并认为在传播过程中，传播双方（传播者和受传者）执行的职能是相同的。

在传播中，产生信息的说话、制图或者书写行为被称为编码。这个过程包括把新闻事实变成文字符号、声波、电波等。当再将文字符号、声波、电波转变为概念判断时，试着从符号中抽取其意义，这个过程称为译码。需要说明的是，这里的译码和释码通常情况下是一回事。受众对信息进行接受和理解，接受就称为译码，理解就称为释码。而在大多数情况下，接受和理解是相同的，所以也可将二者统称为译码。

（四）二级传播模式

二级传播模式是传播学四大先驱之一的社会学家拉扎斯菲尔德于20世纪40年代提出来的大众传播学的经典模式。该模式中的舆论领袖就是新闻传播的参与者。舆论领袖又称“意见领袖”，他们是某一方面的权威，对事态的发展比较关心，能向周围的人提供信息，并做相应的解释。新闻信息一般由大众传播媒介传递给少数的意见领袖，再由他们传播给大众。

（五）德弗勒模式

1966年，美国传播学家梅尔文·德弗勒在借鉴前人研究成果的基础上，提出了较为全面的传播过程互动模式。该模式的进步之处在于增加了“反馈”这一概念，使传播模式更符合人类传播的特点与要求。

所谓反馈，就是返送给新闻传播者的意见信息。新闻传播的反馈对于传播者来说有着极为重要的意义，可以据此来对受众的评价、态度进行一定的了解，从而使传播效果得以进一步提高。同时，新闻传播的反馈一般通过受众来信、电话调查、问卷调查、访谈等形式取得，而直接面对传播者的即时反馈较少。

也就是说，新闻传播的反馈具有间接性和滞后性。这要求新闻传播的反馈要制度化、科学化，更及时、更准确。在该模式中，“噪声”概念加深了人们对传播过程复杂性的认识。所以，这个模式的适用范围比较广，可用来说明各种社会传播活动。

二、新闻传播的渠道

社会信息是人类在社会交往中所传递的内容，是人类生存发展中必须具备的知识。它传递的途径多种多样，伴随着传播方式的革新，社会形态的变更，传播路径从自我传播到人际传播，从集群传播发展到大规模集约化的社会传播，形成了自我传播、人际传播、组织传播、群体传播和大众传播等几种基本的传播路径。

（一）自我传播

自我传播是指个体看到社会上发生的某一事件、某一现象，由最初的主观印象到深入理解，通过表征理解内涵，思考其意义并做出自己的判断，最后将反馈付诸实践。这是信息在内部的传递过程。

自我传播传者受者一体化，不需要传播媒介。个人通过实践获取生存发展所必需的经验，经过自我内部对信息的传递和处理，将其应用到新的实践当中，从而完成传播的循环。

在完整的新闻传播流程中，信息必须抵达受众。只有受者对传播者的信息进行个性化解读后，才算一次成功的信息传播。而自我传播是受者解读信息必不可少的途径，即存在于每一种传播路径的末端。自我传播对外在信息的理解离不开受者自身的知识结构和价值体系，渠道中不同的媒介形态也会影响传播效果，例如纸媒传递信息更精准，富有逻辑性，对文字的理解需要一定的知识素养，传播偏精英化。而广播和电视媒体通过声音或声画传递的信息对感官的作用更加全面，更容易理解，着重于情绪的传递，受众更加广泛。两种不同媒介的自我传播效果是截然不同的。

（二）人际传播

人际传播是指个人与个人之间，或者是两个个体系统之间的信息传播活动。相对于自我传播，人际传播有显著的社会性特征。首先，人际传播以两个人交流为目的，传播具有对象性和目的性，希望得到反馈，强调人与人之间的互动；其次，象征性社会互动理论认为，符号意义的交换有一个前提，就是交换的双方必须要有共同的意义空间。人际传播的传受双方必须对所使用的语言、文字等意义符号有共同的理解，这一整套的符号意义由不断发展完善的社会化进程所带来。

人际传播在新媒体时代充分发挥了其亲和力和自主性的特点，大大缩短了传统新闻制作的过程，例如网络上的自媒体，制作简便、传播广泛、内容个性化、形态亲民化，形成对主流媒体的补充，丰富了话语场。

（三）组织传播

组织传播包括组织内传播和组织外传播，具体而言，组织传播就是组织内部成员间、组织之间以及组织与环境之间的信息交流活动。

组织传播是小规模的大众传播，不同的是它的目标更明确，反馈更及时。传统的组织传播有企业、机构等内部组织传播，既要接受大众新闻传播的外部消息，及时调整自身内部结构；也要发出信息，在规范内传递某一类群体的观念，达成目的。相对于大众传播自上而下强势的传播态势，组织传播往往形成一种非强制性的话语权，在迎合受众的情况下制定传播计划。例如现代公司的品牌营销理念、明星的粉丝效应。

（四）群体传播

群体传播是生活在同一个地域，或者因为某些目的而聚集在一起、遵守群体意识规范的人们之间的传播。

我们每个人都生活在群体当中，我们可以隶属于不同的群体，这个群体可以是现实中真实存在的，也可以是在网络虚拟空间所创建的。但无论是真实的还是虚拟的，身处该群体中的人都要有共同的群体意识，并遵守一定的群体规范。

网络群体传播使自媒体时代得到了更好的诠释，受众不再仅仅是受众，他们同样可以作为传播者来发布新闻。人们可以将身边发生的事第一时间发布到网上，甚至可以掀起舆论狂潮。

以电子公告牌系统（BBS）为例，假如群体中的某一位成员看到一则新闻并发布到论坛上，如果新闻的内容足够吸引人，则在很短的时间内就会聚集一大批受众来参与讨论。有的甚至会产生较大的影响以致成为网络群体事件，比如“表哥杨达才事件”，这些事件的发起经历了“议题发表（发帖）—议题的传播和扩散（跟帖或转帖）—形成社会影响、达成社会共识—解决”的过程。

由此可见，群体传播在一定程度上可以促进一些腐败事件的解决。但同时，由于受众在群体传播中具有双重身份，大众媒介所发布的新闻尤其是时政新闻在群体中的传播面临越来越大的挑战。大众传播者希望受众能够做顺从式的解读，而在群体传播中受众往往做协商性或对抗性的解读，他们往往怀着情绪化、戏谑化的态度去思考。

我们不妨将中外网络跟帖做一个比较，中国的新闻跟帖似乎更多一些，表态功能更明显，而针对有观点的文章的跟帖相对较少，并且一些跟帖者的素质较差，在各种跟帖中都有一些谩骂的帖子。我们的媒体好像喜欢网络的原创，很少关注跟帖。通常新闻跟帖多就意味着对一些新闻报道的信任度比较低，或者表明受众要知道更多新闻背后的真相。

（五）大众传播

从自我传播到大众传播类型的形成，一是由于社会化进程加快，交通、经济的发展等因素缩短了人与人之间的地域和心理距离，社会整体传播参与人数增加，社会形态逐渐演变，社会结构复杂化，出现了不同的话语体系，不同的社会层级需要不同的传播路径满足自身需要；二是因为科技的发展促进了媒介形态的发展，从语言、图案，到文字符号，再到声讯和视频图像，信息载体和媒介形式及功能大幅拓展，满足了各类传播的技术需求。

从传播参与者的人数来看，自我传播和大众传播分属两端。自我传播和人际传播参与者人数较少，信息个性化、自由化、互动化，更有利于表达真情实感，能满足个人的信息和情感交流欲望。多人传播为达成群体目标，信息共性强，具有强迫性，传播渠道单一，更有利于组织或体制的正常运作，有利于保证大规模群体生活的稳定。

麦克卢汉早就预言了“地球村”的到来，传播疆域从未像现在这样规模宏大，传播个体之间从未像今天这样联系紧密。在现代传播社会中，任何一种传播路径都不是单一存在的。就个人而言，通过传统大型媒体接收新闻报道、影像资料的同时，还吸收着学校或公司、家庭、社会团体等各种群体组织的讯息。在解读的过程中，我们并没有完全按照传播者的意图接收意义，而是根据自身经验和偏好进行个性化的解读。就某个组织而言，内向传播和外向传播分别担负着调整内部结构和塑造外部形象的功能，正式渠道传播保证组织内部政令畅通，非正式渠道担负着人际传播功能，调整组织内部矛盾。不同传播类型互为渠道、互相包含，各自独立又相互联系，从而形成整个社会宏大的信息传播系统。

三、新闻传播的过程

新闻传播需要一个过程，这是一个有序的运动过程。某一条新闻的传播，其起点是客观存在的新闻事实，终点是受众接收新闻信息并对信息进行反馈，其间要经过若干个先后有序的环节。新闻传播的过程，简而言之可以划分为四个阶段，即选择事实阶段、转换事实阶段、信息接收阶段和信息反馈阶段。

（一）选择事实

事实是新闻传播的起点。事实原型即社会生活中不断产生和变动的各种各样的情况。事实是无限丰富的，应有尽有。然而，并非所有事实都可以进入新闻传播领域。于是，在新闻传播过程之始，先由传播者对事实进行过滤，选取一些事实，舍弃一些事实。这就是新闻传播过程的第一阶段。在这个阶段，传播者对社会生活进行全面深入的调查采访，仔细反复地分析比较，根据新闻价值原理和新闻法规等对客观事实进行一次又一次的筛选，最后确定可以而且应当付诸传播的新闻事实，即新鲜的、重要的、典型的、受众感兴趣的、具有个性特点和具体生动的事实。选择新闻事实的工作，参与传播的全体传播者都要担负职责，处于采访写作第一线的记者则在其中起主要作用。

（二）转换事实

选择好要传播的事实之后，新闻传播活动进入第二个阶段，即转换事实，也就是把新闻事实变成新闻成品。新闻成品就是报纸刊出或广播电视播出的新闻，即受众看到的文字、图像或听到的声音。在新闻传播过程中，当传播者确定予以传播的新闻事实之后，便把它写（制）作成新闻稿（片），亦即让它变成符号或图像、声音，再通过某种工具传播出去。在现代新闻传播中，从新闻事实到新闻成品，由参与传播的全体传播者共同完成，是传播者运用物质手段完成的。

（三）信息接收

将事实转换为新闻成品之后，新闻传播活动进入第三个阶段，即信息接收。这个阶段实际包含两个环节。第一个环节是传递。传媒把新闻成品传递给受众，使受众通过耳目感知，看到或听到新闻。第二个环节是受众的接受。受众视听新闻成品后，了解和理解新闻所包含的信息，接受他想接受和能够接受的部分，新闻便会产生相应的效益，实现其新闻价值。

（四）信息反馈

反馈在整个新闻传播中起纽带的作用。整个新闻传播，乃是一个个相对独立的传播行为的连接与延续，由一个相对独立的过程到另一个相对独立的过程，周而复始，从不中断，于是构成整个新闻传播的长河。这条长河不是无序的散乱的，而是有次序成系统的，前一个过程要开启后一个过程，后一个过程要承接前一个过程。反馈，正是保证新闻传播的次序的重要因素与手段。在新闻传播中，传播者研究借鉴前一行为过程的得失，通过受众研究、效果研究、民意测验等方式来获得准确的信息反馈，并据之调整和改变传播的内容与方式，扬长避短，去其不适，从而确保新闻传播达到预期的效果，前后相继、一以贯之。

第三章　融媒时代的新闻传播者

媒介技术的更新促进了传媒生态和传播场域的流变。新兴媒体的不断产生使主持人跨专业领域传播和跨媒介平台传播成为可能。作为公众人物的新闻传播者，其固有的传播力与新的传播语境产生了诸多错位与冲突，存在诸多舆情危机和传播隐患，因此急需提高其专业素质和职业道德。本章分为融媒时代新闻传播者的角色定位、融媒时代新闻传播者的素质要求、融媒时代新闻传播者的职业道德三部分，主要内容包括：社会交往的中介者、民众生活的服务者、政治素质、理论素质、业务素质等方面。

第一节　融媒时代新闻传播者的角色定位

一、社会交往的中介者

作为社会交往的中介者，新闻工作者要搜集社会各个系统、各个阶层的信息资源，对其进行加工，制作成新闻，最后传播给受众，从而使社会各系统之间得到沟通和联系。而各系统不可能完全独自搜集其他系统的信息，新闻工作者刚好可以承担此重任。由此也可以看出，新闻工作者自身并不能产生、创造新闻，而是在新闻和新闻源中间起着桥梁和纽带的作用。由于这种中介性，新闻工作者要维持自身的存在，就必须依赖和运用社会各个系统的新闻资源；由于这种中介性，新闻工作者通常被社会各个系统、各个力量视为于己有利的工具，成为他们的公关对象。

作为中介者，新闻工作者与社会各系统间存在着既彼此依赖又互相利用的双重关系。一些集团凭借自己在经济和政治上的优势控制和利用新闻工作者的活动，而新闻工作者也总是依赖于某一阶级或集团。

因此，新闻工作者在新闻传播活动中要保持客观和中立是很难的，但也因此要求其必须保持相对独立，使其中介者的作用得到更好的发挥。新闻工作者的活动实质上就是构建社会交往的空间，不是为少数人和强势集团的利益而运作，更不是专权的传声筒。新闻工作者把不同系统、不同阶层的信息汇集到公共空间里，各种信息得到传播、交换，并形成一定的社会舆论，向所有公民开放。在我国，新闻工作者被称为党和人民群众的耳目喉舌。作为社会交往的中介者，新闻工作者既要对上层负责，也要传达底层的声音，在传播新闻中要“吃透两头”，发挥好中介者的角色功能。

社会各个阶层、各个利益集团之间存在着各种各样的冲突意见，新闻工作者就是要为这些冲突意见提供展示的平台、空间，使之得到公开的讨论，取得平衡甚至一致，以此维系社会交往的正常进行。新闻媒体关注、报道、评论社会热点事件，向公众展示不同的声音，凸显了社会问题，并促使人们对问题进行思考，从而促进制度的完善。可见，新闻传播可以有力地推动现代社会形成强大的舆论，进而影响人们的思想和行动。如果一个极有可能引发舆论声势的事件没有引起新闻媒体的关注，那么，相应的舆论就可能淡化乃至消失。

需要注意的是，作为社会交往的中介者，新闻工作者还面临着一个客观存在的矛盾，即媒体报道的事件总是少数的，这少数的事件在得以报道的同时，无疑也得到了放大。放大更容易引起社会的关注，但也影响着新闻工作者的中立与客观的准则。在选择新闻事件的时候本身就不够客观，新闻工作者对此如果缺少必要的自觉意识，不注意平衡，那么势必会模糊其中介者角色。

如今，越来越突出的“媒体审判”问题就是新闻工作者超越中介者身份的典型表现。“媒体审判”不仅不利于新闻传播机制的正常、健康运作，而且不利于社会问题的公正解决。

另外，新闻工作者只有如实地、准确地传播信息，保持良好的信誉，才能正常展开中介活动。因此，新闻工作者一旦传播虚假信息，不管是有意的还是无意的，都会降低其公信力。近些年来，不断出现失实报道和虚假新闻，这不但严重损毁了新闻工作者的形象，而且阻碍了其作为社会交往中介者的角色功能的发挥。

二、民众生活的服务者

（一）为民众提供生活信息

新闻工作者有责任和义务及时地报道关系民众生活的方方面面的信息，为民众生活提供便利。与民众工作、生活密切相关的空气质量、水电气供应、医疗卫生、教育、就业、物价、汇率、工资等方面的信息，新闻工作者都应该及时告知民众，使之做出相应的调整。

因此，生活信息就成了新闻传播活动的不可或缺的内容。应该看到，新闻媒体提供生活信息不限于实用性的信息，还应该反映民众生活的各个方面，报道民众生活中的困境、麻烦，为社会上的困难群体发声。

（二）为民众提供知识信息

新闻工作者总是报道各个领域的最新事件和最新变化，而为了让民众更好地理解这些新闻事件，又常以专家访谈、专题讨论等方式向他们普及、提供相关领域的知识。这些知识包括方针政策、法律法规、科技新成果以及涉及现代生活的方方面面的知识等。

需要注意的是，新闻工作者不可能具备所有领域的专业知识，除了通过自身努力提高知识水平，培养、提高相关领域知识的检索能力外，更多的是依赖专家消息源。此外，科学领域本身或某一行业的专业知识是很抽象的，这令受众对其难以理解、接受，因此新闻从业者也要做好“转化”工作，使知识性信息通俗化，更易于接受。

（三）为民众提供娱乐信息

文化娱乐是人类生活的一个重要内容。随着物质生活的不断丰富，人们对精神生活有了越来越高的要求。在现代新闻传播中，传播者总是凭借各自的特点，积极为受众提供娱乐方面的信息。就纸质媒体而言，其利用自己文字表达和易于保存的优势，通过副刊和文娱、体育专版去满足读者在文体娱乐方面的需要，如《足球报》《体坛周报》等都曾创造了新闻业的奇迹。21世纪创刊的一些报纸和杂志，同样十分重视文体娱乐新闻。需要注意的是，新闻传播者对娱乐信息的提供，同样应遵循新闻报道的一般准则，并控制其在新闻整体中的比例。新闻传播者提供娱乐信息，不能等同于新闻的娱乐化。近些年来，由于面临市场竞争的压力，再加上某些新闻媒体的社会责任感淡薄，我国出现了新闻娱乐化乃至庸俗化、低俗化的情况。针对这一情况，有关部门开展了“抵制媒体低俗之风”的活动，一起矫正不正之风，使新闻传播者能够健康地、负责任地提供娱乐信息。

新闻传播者角色功能的发挥需要相应的社会条件的支持，最重要的社会条件是民主与法治。只有在民主的政治制度下，新闻传播者才能担当上述角色，也只有在民主的政治制度下，新闻传播者才能发挥其功能作用。新闻传播者要正确适当和充分有效地发挥自己的角色功能，离不开法治。一方面，法律规定了新闻传播者的合法性地位，规定了其活动的合法性边界，另一方面，法律为新闻传播者的权利提供了保障。

第二节　融媒时代新闻传播者的素质要求

一、政治素质

新闻的意识形态属性和新闻事业的职责，要求新闻传播者具备良好的政治素质，具体包括以下几方面。

（一）政治责任感

在新闻传播者的所有素质中，社会责任感最重要。新闻传播者应具有“先天下之忧而忧，后天下之乐而乐”的远大抱负。所谓责任，就是在新闻工作中自觉地把自己手中的笔和文章，与国家和人民的根本利益联系起来，以正确对待和处理每一件新闻报道的负责精神和严肃态度，做到“有关大众事多做，无益国家事莫为”。

（二）政治敏感性

政治敏感性是衡量新闻传播者政治素质是否合格的首要标准。新闻传播者应当坚持用马克思列宁主义、毛泽东思想、邓小平理论、“三个代表”重要思想、科学发展观，习近平新时代中国特色社会主义思想，武装头脑、指导工作实践。要突出抓好政治信仰、政治理念、政治意识和政治品德教育，不断增强从业人员贯彻执行党的基本理论、基本路线、基本纲领、基本经验的自觉性和坚定性，真正使广大新闻传播者成为宣传贯彻党的路线、方针和政策的中坚力量，成为推进社会主义现代化建设的骨干力量。

（三）政治预见性

所谓政治预见性，是指胸怀全局地观察问题、分析问题和解决问题的综合能力，即政治洞察力。要站得高，看得远，不为假象所迷惑，能够正确把握客观事物发生、发展的运动规律，对其发展的趋势及其结局能够有所预测，做到顺应自然，按客观规律办事，增强报道的科学性。

（四）政治坚定性

政治素质的培养要求每个新闻传播者都要做到进一步坚定对马克思主义的信仰、对社会主义的信念、对改革开放和现代化建设的信心。树立正确的世界观、人生观、价值观，自觉抵制拜金主义、享乐主义和极端个人主义的诱惑，善于识别和抵御各种错误思潮的侵蚀，经得住各种风浪的考验，时刻保持政治上的清醒和坚定，一切从大局出发，忠于人民，奋勇拼搏，淡泊名利，乐于奉献。政治坚定性，说到底就是政治信念和政治立场问题，无论什么时候，都要坚定社会主义方向不动摇，坚持走中国特色社会主义道路不动摇，坚持党的基本路线不动摇。

（五）热爱人民群众

穆青说："干新闻工作是需要积累各种资料的。有题材的积累、主题的积累、语言的积累等，但是，最重要、最根本的是思想感情的积累。这是一种无形的积累，是无法用几千张、几万张卡片衡量其价值和分量的。说到底，对人民群众的思想感情问题，是立场问题，人生观问题。这是记者素质最为重要的方面。"作为人民群众的代言人，新闻传播者要具有"俯首甘为孺子牛"的情怀，要像焦裕禄那样热爱人民群众，经常到群众中去，真心诚意与群众交朋友，与群众打成一片。新闻传播者要时刻想群众之所想，说群众之想说，真正在感情上做到与人民群众同呼吸、共命运。

（六）熟悉政策方针

新闻与政策之间具有密切的联系。新闻报道要宣传政策、解释政策，还要体现政策，并且为完善或制定新的政策提供依据。在许多场合，新闻传播者往往被视为政策的化身。政策新闻通常都具有较强的政治性。因此，熟悉政策方针是新闻传播者的一种重要素质，是衡量新闻传播者优劣的一个重要条件。这就要求新闻传播者要具有政策意识和政策水平。

政策意识是指头脑里始终要有"政策"二字，时时处处讲政策，按政策办事，用政策衡量和检验新闻事实与新闻报道，而不是随心所欲、信口开河，也不是人云亦云、糊里糊涂，更不是对着政策唱反调出风头。

政策水平高是指理解政策准确，阐释政策正确，报道完全符合有关政策的精神，甚至能发现某项政策的偏差或缺陷。政策是国家政权机关为实现一定时期的政治、经济目的而制定的行动准则和措施办法，与领导人的话大有关系，但并不等同于领导人的话。领导人的某些话，可能是制定政策的指导思想，可能是针对某时的某具体问题而发表的，对这个具体问题有意义，不一定具有普遍意义。

新闻传播者的政策意识和政策水平，要以国家的基本政策为准绳。政策有总分之别、大小之分，总政策管分政策，大政策管小政策，地方的政策要服从中央的政策。这些都是新闻传播者政策意识和政策水平的重要内容。

二、理论素质

理论素质要求新闻传播者要具备较高的理论水平和素养。只有这样，才能站得高、看得远，才会具备较强的分析问题和解决问题的能力和较强的预见能力。无论在过去还是在社会主义新时期，新闻传播者始终站在社会的前沿之上，接触各式各样的人或事，容易受外部环境的影响。

因此，新闻传播者应保持清醒的头脑，做到眼观六路、耳听八方，认真学习马克思列宁主义、毛泽东思想、邓小平理论、“三个代表”重要思想、科学发展观，习近平新时代中国特色社会主义思想，学习党的路线、方针、政策，领悟上级文件精神，看清当前形势，敏锐地观察分析政局，找出反映本质的东西。同时，要解放思想，更新观念，在瞬间即变的形势下，正确善待新生事物。新闻传播者必须坚持四项基本原则，拥护党的路线、方针、政策，要保持与中央一致，要保持政治上的坚定性、思想性和纯洁性，树立起强烈的导向意识、责任意识和全局意识，把握时代脉搏，胸怀全局，体察民情，具有敏锐的洞察力，透过现象抓本质，写出具有时代精神的优秀作品。

理论素质与政治素质之间具有密切的联系。坚定的政治信念、积极的人生观和科学的思维方式是政治素质的重要内容，而理论素质是这些要素中起基础和决定作用的因素。为此，必须注重理论素质的培养。可以说，新闻传播者只有具备较高的理论素质，才会具有坚定的政治信念，才能做到政治头脑清醒和政治信念坚定。坚定的政治信念，体现在对共产主义有坚定的信仰。要做到这一点，停留在口头上或凭朴素的感情都是不行的。感觉只能解决现象问题，理论才能解决本质问题。

三、业务素质

新时代的新闻传播者不仅要拥有坚实的政治理论基础，还要熟练掌握各种新闻业务，提升自身的综合能力。首先，要时刻坚持党的基本路线，深刻领悟党中央传达的精神，认真学习我国的相关政策、法律；其次，要具备良好的知识素养和专业素养，熟练掌握生活中方方面面的知识。在新媒体背景下，受众对新闻有更高的要求，新闻传播者不仅要学好新闻业务知识，还应广泛涉猎人文、地理、历史等各方面的知识。

除此之外，一名出色的新闻传播者还应拥有较强的工作能力，包括实践能力、独立分析和解决问题的能力、生动准确的文字表达能力、快速捕捉有效信息的能力等。新媒体时代的新闻传播者在面对各种困难时，要敢于吃苦，心怀群众，只有这样，才能不断进步，才能适应 21 世纪新闻事业发展的需要。

（一）社会活动能力

新闻传播者必须建立起自己的一个社会关系网络，作为自己的信息源、线索源。要快速、广泛地采集并发布新闻，就必须与社会上各个阶层、各个行业的人打交道，只有借助广泛而深入的社会活动，才能抓住社会的新动向。

（二）调查研究能力

调查研究是各行各业广泛使用的一种工作方法，是人们开展得最多的一种社会活动。例如，领导干部的调查研究、政工人员的调查研究、司法人员的调查研究、学者和研究人员的调查研究、市场营销人员的调查研究等。与其他人员的调查研究不同，新闻传播者进行调查研究主要是为了传播。对于新闻传播者而言，调查研究是一种最基本也是最重要的能力。

新闻传播者的调查研究能力是一个综合指标，既包括善于了解调查研究的具体任务，也包括正确使用调查研究方法。其集中体现为迅速地采集新闻事实和深入地分析新闻事实的能力。能否及时地发现事实、了解事实、选择事实、核实事实、追踪事实，最后报道事实，这是检测新闻传播者调查研究能力的试金石。

在新闻传播者的调查研究中，现场调查和资料调查有着突出的意义。许多新闻事实发生在现场，新闻报道要现场感强。百闻不如一见，只要有可能，记者就要设法到新闻现场实地察看。最有效的新闻采访手段是直接观察，最优秀的报道往往来自记者的直接观察。因此，进行现场采访乃是新闻传播者经常性的工作。把现场情景看清楚，把事实的背景和因果关系弄明白，是十分紧张而复杂的劳动，最见功力。只有调查研究能力很强的新闻记者，才有可能真正掌握事实的真相。

（三）新闻敏感能力

新闻敏感是新闻传播者敏感捕捉具有新闻价值的信息的能力。时间永不停滞，信息千变万化，新闻信息如果不及时抓住就很容易消逝。新闻传播者能在一定时期的工作经验中培养出对信息的比较精确的分辨能力和洞察力，具体表现为发现新闻线索的能力、筛选出最有价值的新闻的能力、预测新闻事件的能力。

（四）文字表达能力

写作和报道是新闻工作的最后落脚点。广播电视、数字媒体虽然有更丰富多样的信息传递方式，但写作技巧和文字表达能力仍然是新闻传播者最主要的基本功之一。这种能力包括严密的逻辑思维能力，良好的修辞能力，流利的谈话、翻译、评语能力。新闻工作强调反应及时，但受众对新闻作品的认可是离不开传播者作品的最终呈现方式的。

（五）驾驭现代采编工具的能力

驾驭现代采编工具的能力是一个健全的新闻传播者所不可缺少的技术能力。新闻传播者要学会熟练地使用录音机、摄像机、照相机、电脑、扫描仪以及其他先进的数码仪器设备等。还要学会使用外国语采访与写作，甚至学会驾驶汽车等现代交通工具，这样才能满足日益激烈的新闻竞争需要。

四、作风素质

作风素质是新闻传播者在思想上、工作上、生活上表现出来的状态。优良的作风素质是做好新闻工作的前提，具体而言，新闻传播者应做到以下几点。

（一）艰苦奋斗

艰苦奋斗从表象来看是新闻传播者的工作、生活作风，但其实质则是新闻事业党性在个体身上的集中反映。需要广大新闻传播者时刻保持清醒的头脑，从工作、生活的小事入手，规范自身的一言一行，努力做到防微杜渐。要客观地看待新闻工作，不断在实践中树立和巩固服务社会、服务群众的观念。

要想树立艰苦奋斗的作风，就要与人民群众同呼吸共命运。新闻传播者丢掉了谦虚谨慎、艰苦奋斗的优良传统和作风，就会不思进取、贪图享乐，就会对群众的痛苦漠然置之、对群众的呼声充耳不闻，就必然会脱离群众、怕见群众。因此，大力发扬艰苦奋斗的作风，关键一点就是努力维护好与人民群众的关系。

（二）实事求是

新闻工作中的一切正确的思想、计划、方案都是以客观存在的现实为基础的。新闻传播者的主观能动性在于正确认识客观事物，掌握和运用客观规律，但是要想得到新闻工作预想的结果，一定要使自己的思想符合客观规律，否则，就会使新闻工作背离新闻规律。想问题、办事情，必须尊重客观实际，不能从主观愿望出发。

（三）严谨细致

正确的舆论导向是新闻工作的生命，它离不开细致周密的工作，只有采取科学有效的传播手段，才能达到“贴近实际、贴近生活、贴近群众”的舆论宣传要求。新闻宣传工作，必须有效地把体现党的意志与反映人民心声统一起来，严谨细致地改进新闻宣传。是否严谨细致，直接影响到党的路线方针的宣传和贯彻，直接影响到思想政治工作的效果。广大新闻传播者一定要树立起严谨细致的工作作风。

（四）敬业奉献

新闻传播者应当把爱岗敬业、甘于奉献的精神作为自己的职业准则，应当对党的新闻事业有诚恳的工作态度、饱满的工作热情、旺盛的工作斗志、强烈的责任感；要立足于从小事做起，认认真真、尽职尽责地把每一件事做好；要以事业为重，淡泊名利、埋头苦干，在本职工作上默默地奉献，创造出辉煌的业绩，以不辜负党和人民的厚望。

（五）清正廉洁

新闻工作与社会的接触面广，工作环境复杂，各种利益诱惑也很多。新闻传播者如果不能廉洁自律、贪图安逸，拜金主义、享乐主义、极端个人主义等腐朽思想就会乘虚而入，就会滋生腐败现象。因此，要求新闻传播者勤奋工作、艰苦创业、厉行节约、廉洁自律，加强作风建设，树立严于律己、清正廉洁的优良作风。

（六）勇于创新

创新是民族进步的核心。新闻传播者应具备创新意识，能够在时代的不断发展变化中提升自己使用现代传播技术的能力。创新是新闻工作的内在要求，是新闻传播者适应社会发展的内在动力，新闻传播者要不断提升创新能力，面对新媒体的发展，将外来压力转为内在动力，努力学习新媒体相关知识，掌握其传播技术，借助现代化的工具及时对信息做出评价，以更好地满足受众的需求，为提升新闻报道质量提供强有力的技术支撑，为新闻工作助力。新闻传播者可以借助新兴技术，将客观的新闻报道以最快的速度传达给受众，使受众及时获取新闻信息、了解真相。新闻传播者可充分发挥新媒体的优势，将新媒体技术与新闻报道联系起来，提升新闻传播的时效性、交互性。这种创新也可以帮助新闻传播者改变以前的惯性思维，进而实现新闻事业的繁荣发展。

央视网与科大讯飞达成了战略合作，决定共同打造“AI＋媒体”融媒体智能终端。这种全新的融合可以为用户提供能看、能听、能写、能交互的全新体验，从而实现共赢。这种“AI＋媒体”的人工智能终端将成为央视网传承中华文明、服务广大受众的智能媒体平台。这不仅仅是新闻媒介的创新，更是新闻传播者在新媒体时代的创新，新闻传播者传播新闻的媒介将更加丰富，用户能够获得信息的渠道将更多。这将使新闻工作更加贴近现实、贴近生活、贴近群众。

五、法律素质

近年来我国将依法治国提上日程，在法治社会的大环境下，需要新闻传播者在新闻工作中树立法律意识，这样才能为新闻报道的客观性和公正性提供更好的保障。

想要成为一名优秀的新闻传播者，就要努力学习法律知识，增强自己的法律意识，在报道事实真相时用法律的眼光去观察。同时作为新闻人，应敢于揭露社会生活中存在的一些腐朽与丑陋现象，为广大受众传递准确信息，为我国建设法治化社会创造更好的舆论环境。新闻传播者应明确自身的权利与义务，尊重公众的知情权与隐私权，时刻保持严谨和尊重群众合法权益的态度，坚决不用那些没有任何事实依据的报道去误导大众。

在新媒体时代，新闻传播者要学会对一些涉及隐私的内容进行相关的技术处理，保护公众的合法权益。伴随着经济社会的快速发展，特别是互联网等新媒体的兴起以及传播技术的快速改进，国家对新闻工作法治建设以及新闻传播者也提出了更高的要求，提升新闻传播者的法律素质将对健全和完善中国特色社会主义新闻法制体系有所帮助。

第三节　融媒时代新闻传播者的职业道德

一、新闻传播者的职业特征

在传播过程中，传播者又称“传者”或“传方”，他们是信息的处理者和发出者。在人际传播或组织传播过程中，传播者和受众之间的关系是直接的、相对的、双向的。在大多数情况下，传播者和受众是面对面地直接交流，而且传播者和受众双方的角色也不断相互转化。在新闻传播过程中，传播者特指新闻传播机构及其工作人员，如记者、编辑、节目主持人、校对员、资料员、电讯技术人员、广告和发行部门的经理人员等，他们统称为新闻传播者。一般来说，新闻传播者同受众之间的关系是间接的、绝对的、单向的，传播者和受众双方的角色是固定不变的。新闻传播者通过新闻传播机构控制着新闻的来源、新闻的选择和新闻的管理与流通。他们既可以选择、过滤新闻，又可以放大或缩小新闻的影响，他们是新闻传播真正的“把关人”。

新闻传播者作为一个职业群体，同其他社会职业群体一样，有自己的职业特征。一般说来，新闻传播者的职业特征有以下四个方面。

（一）责任重大

有人把新闻记者比作“无冕之王”，这个比喻虽然不太确切，但反映了他们在社会生活中的重要地位。和其他从业者相比，新闻传播者更应该消息灵通、头脑清醒、目光远大，具有强烈的使命感。他们报道新闻，揭示隐藏在新闻背后的事实真相，分析其可能导致的严重后果；他们传播科学知识，启迪人们的聪明才智，推动社会的全面进步；他们同社会实际有着密切的联系，同政府有着密切的联系，同人民群众有着密切的联系。美国著名报人普利策对新闻记者做过如下形象的描述。

新闻记者既不同于公司经理，也不是出版界的发行人，更不是做生意的商家。新闻记者就好比昂立在船首的领航员，他要注意周围往来的船只，即使在风平浪静的天气里，他也要注意地平线那一端任何可疑的黑点。他要随时援助那些遭遇海难的人们，同时在有雾或暴风雨的天气里，他要找到一条安全的航道，引导船只安全驶过。在做这些工作时，他心目中所想的，不是自己的工资，也不是船东的利润，而是船上所有人的安危，因为他们把自己的生命交托到了他的手中。

（二）工作辛苦

新闻记者是一个重要而光荣的职业，也是一个辛苦的职业。由于新闻每时每刻都在发生，新闻记者必须以最快的速度向广大受众报道新闻。为此，他们或者奔波于采访途中，或者注目于电子终端显示屏之上，或者熬夜于编辑室内，夜以继日、永不停息。他们的工作是“全天候”式的，没有节假日，终年得不到休息。一般认为，新闻传播者是脑力劳动者，其实这是不确切的，应该说他们是“体脑并用”劳动者。就外勤记者而言，为了采访新闻，他们不仅要在都市中走街串巷，而且要深入穷乡僻壤，跋山涉水，甚至要亲临火线、深入匪穴，随时有生命危险。中外众多名记者的实践表明，越是在艰苦的环境中，越能做出好新闻、重大新闻和独家新闻。就内勤编辑而言，为了保障受众能够及时接收到新闻，他们必须整天守候在编辑部内。特别是夜班编辑，他们常常是昼夜不分。这种“体脑并用”和“全天候”工作的特点使新闻传播者备尝人间的辛苦，饱享人间的欢乐。

（三）环境复杂

新闻传播者活动的范围非常广阔而又极其复杂。就外勤记者而言，他们每天接触的人物上至领袖人物，下到普通百姓，无所不包。就内勤编辑而言，他们处于“把关人”的地位，他们手中的纸笔和键盘牵连着社会的每一根神经。

因此，社会上各种各样的人都需要借助新闻媒介来隐恶扬善。这种职业特征势必对新闻传播者产生两个方面的不利影响。一方面，在复杂的环境中，各种各样的腐朽思想和行为不可避免地会影响到新闻传播者，一些人可能见善不齐、见恶随波，甚至以职谋私；另一方面，由于接触面广，涉及领域宽，新闻传播者可能因此养成一种“浮光掠影”的坏习惯。著名新闻工作者商恺指出：“历史经验证明，凡是当形势发展顺利，一些实际工作者头脑发热的时候，记者也最容易受感染，跟着发烧。当一些实际工作者过高估计了主观能动性，盲目蛮干瞎指挥的时候，记者也最容易闻风而动，跟着摇旗呐喊。结果写出的报道，十之八九是主观的、片面的、不符合实际情况的。”

（四）工作风险性大

由于新闻媒介可以为各种势力利用来进行自我宣传和相互攻击，新闻传播者时刻面临着巨大的风险。这种风险首先来自战争，由于国际上每年的区域性战争不断，新闻记者只有冒着生命危险才能采访到独家新闻，因此每年都有新闻记者在战争或冲突中丧生。这种风险也来自各种政治派别的倾轧，记者由于其职业特性而招致各种政治势力迫害的现象，古今中外屡见不鲜。近些年来，由于受狭隘经济利益的驱使，新闻传播者干预生活的难度越来越大。他们经常遭到地方“黑恶势力”的骚扰，有的甚至被殴打致死。这说明，从事新闻工作既光荣又危险，新闻传播者应该忠于职守，依法保护自己的权利和履行自己的义务，全社会也应该保护新闻传播者的权益。

二、新闻传播者的职业素质

新闻传播者的上述职业特征和职业权利与义务，要求新闻传播者具有特殊的职业素质。概括地说，新闻传播者应具有以下五个方面的职业素质。

（一）为坚持真理而献身的精神

新闻传播者首先要热爱新闻传播事业，要有为宣传真理、捍卫真理而献身的精神。在这方面，著名新闻工作者邹韬奋和范长江为广大新闻传播者树立了光辉榜样。为人民服务是要冒风险的，一个正直的新闻传播者应该为人民的利益赴汤蹈火，而绝不能见风使舵，甚至助纣为虐。

（二）政治意识和社会责任意识

在中国，新闻传播事业是中国共产党和人民政府的喉舌，新闻传播者担负着宣传党的路线方针政策、反映人民群众的意愿和心声、及时报道改革开放和现代化建设的伟大成就、忠实记录祖国日新月异的发展变化、维护社会稳定的重要任务。

因此，新闻传播者要坚持以正面宣传为主，要增强政治意识、大局意识、责任意识，增强政治敏锐性和政治鉴别力，特别是在关键时刻，更要保持政治上的清醒和坚定，一切从大局出发，时刻牢记新闻工作的社会责任，严格把关、严守纪律。要宣传科学理论，传播先进文化，塑造美好心灵，弘扬社会正气，倡导科学精神。

（三）过硬的新闻业务技能

一是纵横驰骋的社会活动能力。新闻传播者是社会活动家，应该具有社会活动能力。他们一方面要准确地把握领导机关的动向，经常出没于政府机构之间，另一方面要及时了解人民群众的工作和生活，要浪迹于江河湖海之间。这样才能真正起到上情下达、下情上传、左右情互达的作用。

二是良好的新闻敏感能力。新闻敏感能力是新闻传播者捕捉生活变动的信息与衡量信息是否具有新闻价值的能力。西方新闻界把它形象地称为“新闻鼻”或者“第六感觉”。一件有新闻价值的事实发生后，有的人不知不觉不去报道，有的人后知后觉报道了，但时间性不强，有的人先知先觉及时报道。这就是新闻报道敏感能力强弱不同的表现。

三是独特的新闻发现能力。它不仅仅是指抓新闻线索，还指新闻工作者看出或找到客观事物所蕴含的新闻价值，或者识别新近发生的事实所包含的使公众共同感兴趣的东西的本质所在。发现是人们对客观事物的能动认识，是“看到人人看到的，想到别人想不到的”。

正如法国伟大的艺术家罗丹所说：“美是到处都有的。对于我们的眼睛，不是缺少美，而是缺少发现。”新闻记者能够发现新闻，就能够使新闻线索具有原创性，就能够在同质化竞争日益严重的环境中报道出有独到见解的好新闻。新闻的发现，不仅靠记者的眼睛，更要靠记者的心灵。只有在长期观察和思考的基础上，才能在平常的生活中发现具有重大实际意义和美学价值的新闻。

四是扎实的文字、图像和版面时空的表达能力。如果说新闻敏感能力和新闻发现能力是新闻传播者的“慧眼”和“慧心”，那么文字、图像和版面时空的表达能力就是新闻传播者的“神笔”。从文字表达能力来说，它包括严密的逻辑思维能力、高超的语法修辞能力。新闻的写作不仅要遵循一般的新闻写作规范，也要善于选择不同的角度和表达方式。其中包括“由此及彼”“由彼及此”“由近及远”“由远及近”“由内到外”“由外到内”“由大到小”和“由小到大”等不同的新闻视角，也包括新闻体裁的不断创新。从图像和版面时空的表达能力来说，要善于利用图片的各种框架、色彩的元素，实行图文有机配合，达到图文并茂的效果。同时，也要充分利用各种新闻编辑、编排手段，调动受众的阅读、审美兴趣，达到最佳的新闻传播效果。

（四）深入实际和吃苦耐劳的精神

新闻工作流动性大，工作环境有时非常恶劣，没有强健的体魄和吃苦耐劳的精神是做不了新闻工作的，更成不了名记者。另外，新闻时时在发生，新闻传播者要将最鲜活的新闻奉献给广大受众，必须深入新闻发生的现场。只有这样，新闻传播者才能发掘出最有价值的新闻，才能使新闻具有现场感。许多新闻精品都是新闻传播者长期深入实际的产物，许多名记者都具有长期深入实际的生活积淀。德国摄影家布鲁诺·迪特里希为了拍摄翠鸟捕食的照片，花了192天，等了6年，拍摄了几百米胶卷，终于一举成名。正是因为如此执着，许多杰出的新闻工作者的作品才屡屡获奖，他们才能成为学者型的记者。所以，强健的体魄、坚韧的毅力和深入实际、吃苦耐劳的精神对于新闻传播者来说尤为重要。

（五）要具有法律保障能力

当今社会，新闻传播者应该养成学法、守法和用法的习惯。一方面，他们要自觉地宣传法律，引导人们遵守宪法和法律；另一方面，他们也要依法从事新闻传播工作，自觉地尊重和捍卫公民的合法权益和社会的公共利益，并善于运用法律来保护自己的正当权益。同时，他们应该自觉维护法律的尊严，在法律允许的条件下，对于各种违法现象实施舆论监督。只有这样，社会的民主和法制程度才能逐步提高，新闻传播事业的改革才能稳步推进。

三、融媒时代新闻传播者职业道德建设的对策

（一）加强道德自律

新闻传播者应不断提高自己的政治素质和理论素质，认清自己的使命，树立大局观和公正无私的价值观，增强社会责任感，自觉抵制金钱和物质的诱惑，不懈地追求真理，时刻反省自己的行为，培养高尚的职业道德品质，将遵守新闻职业道德变成自觉行为。

（二）完善相关的法律法规

要促进新闻传播者遵守职业道德，法律有着其强制性的力量。应用法律规范新闻传播者的行为，使新闻传播者在法律的框架内依法行使权利、履行职责。目前，我国对新闻传播活动尚没有出台专门的新闻法，虽然有一些条文散见于法律法规中，但远没有形成完整的体系。

新闻立法应该成为当务之急，只有完善了相关的法律规定，新闻媒介和新闻传播者才能有法可依，新闻事业才能真正步入良性发展轨道。

（三）形成监管合力

作为社会舆论监督机构的新闻媒介，其本身也需要接受社会各界的监督。应

最大限度地发挥各种监管力量的作用。一方面，建立起严格健全的内部监督机制，制定相应的条例，保证规范制度落到实处；另一方面，要鼓励公众对新闻媒介进行监督。为社会公众提供一种快速、便捷的举报投诉渠道，处理公众对媒体活动的投诉，并定期公布对公众投诉的处理报告。另外，逐步建立一个媒介信用等级评价机制，对那些报道假新闻、传播低俗恶俗内容的媒体，应降低其信用等级，通过优胜劣汰，促使新闻媒介规范自己的行为。

第四章　融媒时代的新闻受众

融媒时代，受众与媒介的地位日趋平等，新概念替代传统受众概念进入传播学领域，各新闻媒介之间的竞争转为适应受众需求的多样化，并且传播者的经济利益与受众的信息消费观产生了直接联系。本章分为受众的概念、类型和角色、融媒时代新闻受众的需求、融媒时代新闻受众的定位三部分，主要内容包括：受众的概念、受众的需求、影响受众的因素等方面。

第一节　受众的概念、类型和角色

媒介融合趋势下新闻传播的受众在新闻媒介信息的传递过程中具有指向性和目标性的作用，而且是对媒介融合趋势下新闻传播活动的效果进行衡量的一个重要标准。随着中国新闻传播事业的发展，人们对受众的认识更加深入。市场经济以强大的力量将受众的作用从幕后推到前台，关注受众、了解受众、研究受众，成为当代新闻媒介求生存谋发展的必经之途。

一、受众的概念

受众是传播学的一个概念，作为传播媒介信息的接收者，受众是新闻传播活动的终端。受众的概念已经被很多学者提起以及使用，甚至已经约定俗成。

在大众传播领域，受众是指大众传播媒介信息的接收者，即报纸的读者、广播的听众和电视的观众。在很长一段时间里，人们对于受众的认识不足，把新闻传播媒介的运作仅仅看成媒介的主持人和记者、编辑的工作内容而已，认为受众只是被动的接收者。20 世纪 30 年代盛行的“魔弹论”认为受众只能被动地接收媒介提供的任何信息和宣传，传者（主持人和记者、编辑）是整个新闻传播过程的中心，即“传者中心论”。随着时代的发展，技术的进步以及传播理论研究的深入，越来越多的学者发现，受众并不是被动的接收者，他们是在传播活动过程中占据着核心的地位、起着重要作用的参与者。可以说，在新闻传播活动的各个环节，受众都在或明或暗、或强或弱地起着各种制约作用。尤其是在网络媒介出现以后，网络的交互功能使得受众可以毫无拘束地发表自己的意见、要求和愿望，直接参与各种新闻信息和思想观点的传播。他们既是信息的接收者，又是信息的传播者，这就使得受众的作用日益显著。

受众是新闻信息流程的终端，是媒介产品的消费者，也是信息、讯息、媒介以及传播者的最终检验者与评判者。受众是新闻传播活动中的又一个活跃的因素，是新闻信息传播过程中积极主动的参与者，是不可忽略的反馈信源。

童兵教授认为："受众是新闻信息传播流程中的终端，是新闻媒介及其承载的信息的消费者，又是新闻媒介、新闻信息和新闻传播者本身的检验人。受众是新闻传播系统中的一个复杂的子系统，他们是新闻信息的受传者，又是反馈信息的发布者。如果他们把自己所收受的信息进行加工制作之后再次转传于他人，他们则成了下一级传播（通过人际传播或大众传播）的起始者。总之，受众是新闻传播活动中的积极能动的行为主体。"

受众的信息反馈是进行新闻传播活动的一个重要参考，对于传播者和传播活动来说都至关重要。因此，及时地了解受众的意见和需求，能够促使新闻传播活动更加有序地进行。

二、受众的类型

按照不同的标准，可以将受众分为不同的类型。

（一）按照主导动机的不同划分

按照主导动机的不同，可以将受众分为感性受众和理性受众两大类。

感性受众是以满足情感上的需要为主导动机的受众。这类受众关注新闻传播主要是为了消遣娱乐，放松心情，调节生活，他们较为关注的内容多是自己感兴趣的信息。比如富有趣味的社会新闻、科技新闻、体育新闻以及娱乐新闻等，主要目的是娱乐，获得情感上的宣泄。

理性受众主要是为了获取信息，了解客观世界的变化，并较为关注国内外的形势，国家的方针、政策，社会环境的变化以及经济的发展等。就不同属性的新闻来说，对硬新闻的关注较多。

（二）按照接触媒介的机会划分

根据接触媒介的机会，可以将受众分为随机受众和目标受众两大类。

随机受众是指不固定阅读某个媒体的人，即不固定地、偶尔地选择该媒体。

目标受众是指经常接触某个媒体的固定受众，即媒体稳定的受众群。

总体来说，受众的收看、收听兴趣并不是一成不变的。因此，要想顺利地进行传播，就要了解受众的收视习惯，保持目标受众，吸引随机受众。

（三）按照接触媒介的类别划分

根据接触媒介的类别，可以将受众划分为报纸读者、广播听众、电视观众以及现代社会的网络受众。但是，这几类媒介的受众并不是截然分开的，很可能彼此交叉，同一个受众，可能既是报纸读者，又是电视观众、网络受众等。

（四）按照受众素质与社会地位划分

按照受众的素质及其在社会政治生活中所处的地位，可将受众分为积极受众和消极受众。孙中山先生曾经以社会上各种人群对待革命的态度，将他们划分为先知先觉者、后知后觉者和不知不觉者。这种划分虽不尽科学，但大致可以作为划分积极受众和消极受众的参考。积极受众是指受过良好的教育，从事学术性研究或实际组织工作的知识分子。他们对于任何事物都有自己的主见，对于新闻传播媒介有自己的选择，可以起到舆论领袖的作用。消极受众是指文化程度比较低、注重生活温饱的平民。他们没有太多的主见，比较容易接受传播内容和积极受众的影响，是新闻传播媒介最广大的接受者。

（五）按照人口统计划分

按照人口统计的原理，可将受众分为一般受众和特殊受众。由于性别、年龄、职业、地域不同，受众在总体的共同兴趣和共同需求外还会形成某些特殊的兴趣和特殊的信息需求。一般受众对于各种新闻传播媒介及其所传播的所有新闻信息都感兴趣，没有固定的方向和重点。特殊受众除了对一般新闻信息感兴趣外，还对某一特殊的内容感兴趣。例如，女性偏爱文娱类信息，青年人热衷于新闻类和知识类信息，老年人爱看保健类信息。随着人们物质生活和精神生活的丰富，这种特殊受众的数量在不断增加。

（六）按照经济学意义划分

按照新闻传播媒介对受众了解的程度和受众对新闻信息的接触频率和利用程度，可将受众分为核心受众和边缘受众或者现实受众和潜在受众。新闻传播媒介对全社会开放，从理论上讲所有社会成员均可成为某一媒介的受众，受众也可以选择所有的新闻传播媒介。但实际情况并非如此，绝大部分受众对某些或某一新闻传播媒介特别是新闻传播媒介上的某一栏目或节目情有独钟，这部分比较固定的受众就是新闻传播媒介的核心受众。核心受众之外的受众为边缘受众，他们虽然不是某一媒体或栏目、节目的固定传播对象，但也可能对某一媒体或栏目、节目产生一定的兴趣。同理，凡是已经接触和使用新闻传播媒介的受众为现实受众，凡是具有正常的接触媒介能力但尚未接触和使用新闻传播媒介的受众为潜在受众。核心受众和现实受众是媒体分流、分向、分层次发展必须巩固的对象，边缘受众和潜在受众则是媒介拓展生存空间应该争取的对象。2002 年 6 月，南方日报报业集团实行全新改版，他们所提出的“高度决定影响力”和“实施多品牌发展战略”的口号，就充分考虑了上述这些因素。

三、受众的角色

（一）媒介信息的解读者

从信息传播的过程来看，需要传播者在经过编码后，以符号为载体将其传送给受众，而受众在接收到符号后，需要对符号进行解读，进而获得信息。受众在对符号进行解读时，不仅要将符号的明示性意义解读出来，还要将符号的暗示性意义解读出来，在某些时候甚至还要赋予符号以新的意义。而且，受众对符号的解读结果，可能符合传播者的意图，也可能违背传播者的意图。

通常来说，受众对信息的解读会受到特定的语境、特定的情境、社会文化因素以及个体心理、价值观等的影响，因而不同的受众会对相同的信息产生不同的解读。举例来说，在对一则关于留守儿童的新闻进行解读时，有的受众可能会对留守儿童的境遇表示同情和难过，而有的受众可能会进一步看到留守儿童背后所隐藏的深层次问题。很显然，两者对相同的信息有着不同层次的解读，前者是表面层次的。后者则是深层次的，对事件的本质有所触及。

（二）媒介产品的消费者

新闻受众面对的是具体的新闻媒介产品，如一份报纸、一本新闻期刊、一档电视（广播）节目。在很多情况下，他们通过支付一定的费用来获得媒介产品，从而达到阅读、收听、收看新闻媒介内容的目的。实际上，这一行为就属于消费行为。因此，新闻受众承担着新闻媒介产品的消费者角色。这是从市场角度考察与研究所得的结论。影响受众对新闻媒介产品的消费行为的因素是多种多样的。既有受众自身的因素，也有社会因素。从受众自身来看，其选择消费某一新闻媒介产品，可能是出于对新闻信息的快速、准确、深度的需求，也可能是出于娱乐消遣，放松心情的需求。从社会因素来看，受众选择消费某一媒介产品，主要源于以下三个方面。

第一，受众选择消费某一媒介产品是一种社会交往和自我确认的行为，通过接触某一新闻媒介能够融入社会交往圈子，实现某种价值的强化。

第二，某一特定时期的社会舆论也会影响受众消费媒介产品的行为。例如，当大的灾难发生，或是社会结构发生某种变化时，会有更多的人关注新闻媒介，以获得相关的信息。这就是舆论效应。

第三，新闻媒介自身的宣传以及新闻媒介的包装状况会影响受众对新闻媒介产品的选择。从大的方面来讲，影响受众选择的主要是新闻媒介的社会形象，即新闻媒介的知名度和美誉度，以及媒介的品牌定位；从小的方面来讲，媒介对自身特定产品的介绍和推荐会影响受众的选择，如一份报纸的头版设计得十分吸引人，或是一个网站具有独家的新闻内容，往往就会吸引很多受众。

将受众定位为“消费者”角色，能够促使新闻媒介经营者积极地参与媒介的激烈竞争，产生危机意识，并从受众的需求出发，制作和传播满足受众需求的新闻媒介产品。值得注意的是，新闻媒介经营者也要以理性的态度去对待受众的消费行为，不能只追求市场占有率和利润，一味地迎合受众的某些低级趣味，从而降低媒介的品质，误导社会舆论，忽略公共服务的使命。

（三）新闻传播的积极参与者

受众参与新闻传播具有一定的特点，具体来说这些特点主要包括以下几方面。

1. 服务性

新闻传播从其本质上来说，是服务于广大人民群众的生产与生活的。但是，新闻媒介在长期以来过于重视新闻的指导性和引导性，而忽略了新闻的实用性与服务性，从而导致新闻媒介离人民大众的生活越来越远。直到受众逐渐参与到新闻传播活动中来，这种状况才有所转变。而且新闻媒介只有真正具有了服务意识，才能更好地服务公众、赢得公众，进而在激烈的新闻媒介竞争中获得胜利。

2. 互动性

随着公众主动参与到新闻传播活动中来，新闻传播媒介与受众之间逐渐建立起了一种双向甚至是多向的信息交流和反馈机制。特别是进入网络时代后，受众可以更加便捷地主动参与进新闻传播过程中来，并且可以把他们的所思、所想、所愿及时有效地反馈出来，从而提升受众对新闻信息的关注度，增加受众对新闻制作与传播过程的兴趣，这也充分体现出受众参与新闻传播的互动性特点。

3. 贴近性

受众在对新闻传播活动进行主动参与时，所关注的话题几乎都是与自身生活密切相关的。这使得新闻传播活动更加与实际相符合，也更加与受众的心理相接近。

4. 可读（视）性

人们在长期的生活中，对新闻报道形成了一定的偏见，如可读性不强、形式老套等。直到受众逐渐参与到新闻传播活动中，才使得新闻报道日益形成了多样化的形式，也大大增强了可读（视）性。

（四）新闻传播最权威的检验者

受众是新闻传播最权威的检验者和评判员。并且，受众总是会当仁不让地直接表达自己对新闻传播的评价性意见。这一点尤其突出表现在网民身上。上网者处在单纯地接收信息的状态时，即“网络受众”，他们除了通过浏览等方式接收信息外，还经常通过 BBS、电子邮件、网上聊天、博客、微信等方式发布和传播信息，他们既是传播者，也是接收者。网络让受众经常成为新闻事件的发起者、推动者，甚至是主要参与者，成为新闻报道的主体和主角。

第二节　融媒时代新闻受众的需求、影响因素及心理

一、受众的需求

受众使用新闻媒介、接收新闻信息总是出于一定的动机，有着一定的目的。有些兴趣、需求可能只是某些受众个体所特有的，而有些基本动机则是一些受众群体所共有的。根据国内外的调查研究，受众使用新闻媒介、接收新闻信息的基本动机有以下几种。

（一）求知的需求

受众求知的需求是多方面的，会随着社会的发展而变化，主要包括以下几点。

1. 了解国家的政策、法规

在我国，党和国家的方针、政策以及各级政府制定的某些重大行政措施，一般都通过新闻媒介向广大群众进行宣传；各地、各部门在贯彻方针、政策方面所创造出来的新经验、新方法，也大多通过新闻媒介加以介绍，以便交流推广。特别是在当前改革开放的新形势下，人们更需要了解社会发展的动向，以提高自己的认识和规范自己的行为，求得自身的良好发展。

2. 了解国内外新闻时事，掌握外部世界的情况和变化

人一般都有求新的心理，希望获得欲知而未知的新信息。作为一个社会人，要想在社会上生存和发展，就必须同外界交往，进行信息沟通。这对担任一定领导职务的人来说尤为重要。

3. 获得知识，使自己得到进一步的提高

知识就是力量，知识就是财富。当前是知识爆炸的时代，不但原来科学文化水平较低的人需要学习一些必要的科学文化知识，就连科学文化水平较高的人也要不断获取新知识，以使自己得到进一步的提高。获取知识，掌握一定的科学技术，了解某些方面研究的新成果、新趋向，也已成为当前广大新闻受众的很重要的一种求知需要。

（二）娱乐和交际的需求

随着物质生活和文化生活水平的提高，受众越来越离不开新闻媒介。

第一，利用媒介提供的各种文艺作品等娱乐性材料获得精神上的享受，是受众使用媒介的又一重要目的，甚至是某些受众的主要目的。第二，在某些情况下，使用新闻媒介也是某些受众进行交际的一种需要。例如，从事经济活动和公关活动的人，他们很注重读报、听广播、看电视，这主要是为了收集信息，使自己能在所从事的活动中取得主动权；同时，也能显示出自己知识渊博、文化素质高，从而提高自己在交际伙伴中的地位和威望。

（三）社会参与的需求

社会参与是新闻传播对受众行为的一种影响。它包括受传者在接收传播内容时的心理参与、现场参与感以及对传播过程的直接参与，这里所说的社会参与的需要就是指受众对传播过程的直接参与。

改革开放以来，我国受众心理发生了巨大变化。他们日益认识到新闻传播的社会功能和使用新闻媒介的重要性，提高了与新闻媒介接触的主动性；同时，也日益认识到自身的主体地位，不再满足于自上而下的传播，而是要求直接参与传播过程，以使自己的愿望和需要得以表现和表达。其具体体现如下。

①对不能满足自己需要的媒介进行抵制，特别是对传播内容的失真提出批评。

②希望新闻媒介能多宣传自己所属的群体，特别是一个企业的职工更希望能多宣传本企业及其产品，以提高其知名度和美誉度。

③通过各种渠道对传播内容提出评价或建议，表达自己的意见，进行信息反馈。

④主动向传播媒介投稿，希望得到发表，使自己也成为传播者。

⑤与新闻机构联合主办某种活动，直接参与传播过程。

当前，新闻受众的这些需要已日益增强，新闻传播已由单向传播发展为双向传播。当然，受众使用新闻媒介的目的是各不相同的，其需要和兴趣也是广泛的、多方面的，而且在接收信息和处理信息方面要受到多种因素的影响。

（四）文化教育的需求

现代社会的教育不再只是学院式的，而是全民教育、终身教育。和学院教育相比，通过新闻信息获取知识显得更为经常和重要。

以上各类受众需求都是在概括的层面上讨论的，具体到某一层次的受众或某一新闻事件，受众的需求表现又会有所不同。可以依据文化程度、经济状况、年龄等对受众进行分层，受众的需求也可依此相应地分层。

二、影响受众的因素

受众在接收和处理信息时所受到的影响，主要来自下列两个方面。

（一）社会因素

所谓社会因素，指受众所处的社会环境和社会地位。人是社会的人，有着多方面的社会关系，分属于不同的民族、阶级、阶层、组织、家庭等。不同的民族有着不同的风俗习惯，不同的阶级、阶层有着不同的立场、观点、道德观念和价值观念，不同的组织有着不同的章程和行为准则，不同的家庭也会有不同的生活需求，等等。所有这些都会使得不同的受众对同一传播内容采取不同的态度，做出不同的理解和反应。

（二）心理因素

所谓心理因素，指受众个人所特有的气质、性格、情感、信仰、趣味、文化修养以及思维方式等。所有这些，每个人不可能都是完全相同的，往往有着较大的差异。由于这些心理特征上的差异，即使处于同一社会环境和社会地位的人，在信息的选择、理解、记忆上仍会有很大的不同。这种心理因素的影响往往大于社会因素的影响，而对受众接收和处理信息起决定性作用；特别是选择性心理和遵从性心理这两种心理活动，更是受众接收信息时的最主要的心理活动，直接影响到受众对信息的接收和处理。

三、新闻受众的心理

（一）受众的自尊心理

受众的自尊心理是指新闻媒介对受众人格、荣誉的尊重，是维护尊严的情感体验，具体表现为以下几点。

首先，他们喜交流，厌灌输。交流是一种双向传播，有来有往，互为主体；灌输则是一种单向传播，有来无往，受众被置于客体的地位，弄不好就可能产生抵触情绪。

其次，他们喜协商，厌训斥。过去，在很长一段时期内，新闻媒介喜欢以“指导者”自居，以当“不见面的司令员”为荣。

最后，他们喜参与，厌疏远。我国的新闻业是人民的新闻业，理所应当让人民参与其中。近年来广播电视吸引人们参与一部分节目的直播，应该看作“全党办报”“群众办报”在新时期的发展。如果新闻业疏远受众、关起门来办，只能被人民疏远。

现在，我们欣喜地看到，我国的新闻媒介在适应人们的自尊心理方面出现了可喜的变化。从 1980 年开始，广播电视节目逐渐实行了主持人制，群众参与的节目越来越多。这些节目少了播音腔，多了烟火气，亲切自然，热情诚恳，引人入胜。主持人放下了教育人的架子，说话以第一人称的身份出现，如“我认为”“我觉得”“我希望”“我个人的意见是”等；对受众则用第二人称尊称，如“您说是不是”“您的意见如何”等。这种“一对一”的谈话体加强了交流，密切了与受众的关系，收到了满意的传播效果。

（二）受众的得益心理

所谓得益心理，是指受众希望从新闻传播中得到直接或间接的好处的心理状况。不管有意还是无意、明确还是模糊，受众使用新闻传播媒介是带有某种目的的。受众之所以需要新闻，主要在于它能满足自己的信息需要，从而使自己从中获得益处，给自己的工作、学习和生活提供帮助。按照马斯洛的理论，人的基本需要有五个层次：一是生理的需要，如吃、喝、睡等；二是安全的需要，如生活有保障，居住安全；三是感情的需要，如恋情、友情、归宿等；四是受尊重的需要，如荣誉、地位、成就等；五是实现自我价值的需要，如事业、能力、成功等。这五个层次的需要都与得益心理有关。人们出于各种各样的需要使用新闻传播媒介，并希望能够得到满足。随着社会的进步，人们对知识的需求越来越迫切。他们希望了解科技的进步和各类知识的新发展，不断丰富自己的知识，以更好地适应工作的需要。这是受众得益心理最主要的一种表现，新闻传播媒介是他们获取知识的最有效的手段之一。所以，新闻传播者应该充分考虑受众的得益心理，为满足受众的各种需要提供充分的信息，满足受众的求知欲。

（三）受众的好奇心理

所谓好奇心理，是指人们要求获得有关新奇事物和新奇现象信息的一种心理。好奇心人皆有之，它是人类的天性，也是人们接触新闻传播媒介的一种原始性动机。喜新、求异、好奇是人们的常见心态，正是因为有了好奇心，人们才对新闻传播事业具有浓厚的兴趣。持这种观点的新闻传播学家认为，“个人关心的、同情、反常、进步、斗争、两性关系、动物”等是构成读者兴趣的重要因素。忽视和压制受众的好奇心是错误的，采用“煽情主义”手法大肆迎合受众也是不可取的，应该向受众提供积极、健康，有助于陶冶性情、活跃生活的新闻报道。

（四）受众的选择心理

人人都有自尊心，希望通过自己对事物的比较和分析做出判断、得出结论，而不希望别人指手画脚。因此，新闻报道要尽量避免讲空洞的道理，做居高临下的说教，应多提供事实，用事实说话，让受众自己去比较、鉴别，去得出结论。受众在接收信息的过程中必然会对这些信息有选择地进行接受和理解，以便所接受的信息和自己所固有的价值体系、思维方式保持一致。受众的这种心理被称为选择性定律，它包括选择性接收、选择性理解和选择性记忆三个层次。每个受众因为所处的社会环境、文化背景和个人心理特征不同，所以有不同的选择标准。

美国传播学者约瑟夫·克拉珀在研究大众传播效果时，提出受众具有三种选择性心理特点：选择性注意，选择性理解，选择性记忆。这三种选择性心理特点关系到受众接收新闻的整个过程。

由于受众存在这三种选择性心理特点，传播媒介传出的信息往往不能完全按照传播者的意图为受众所接受。受众往往接受一部分信息，舍弃一部分信息，或者曲解一部分信息，对信息进行“过滤”。每个受传者都存在一个有形或无形的“过滤器”，即他所拥有的各种参照框架或系统；经由这些参照框架或系统去接收信息，进行“读解”。这种参照框架或系统，有的纯粹是个人化的，有的则是一群人甚至是整个社会所共有的；有的是属于信息方面的，有的是属于物态方面的，有的是属于心理方面的，有的则属于文化和意识形态方面的。选择性注意、选择性理解和选择性记忆这三种选择性心理，正是这种作为“过滤器”的参照框架和参照系统的运用的体现。

1. 选择性注意

注意，是心理活动对一定对象的指向和集中。一则新闻由新闻媒介传出，以其编码的信号组合，通过受传者的感觉器官（视觉或听觉）的接触刺激受传者的神经，引起他对该信号的关注，这就是注意。选择性注意，也可叫选择性接触。

一则新闻必须首先被受众接触，引起注意，才有可能被受众接收。因此，注意是受众接收新闻的心理活动的开端，由此而引出受众其他的接收心理活动。

实验证明，当人们同时接收两个以上不同的感觉输入时，他的注意就会分散；只有专心关注某一个方面的感觉而忽略其他方面的感觉，他的注意才会集中。注意集中的过程是一个舍弃、选择的过程。在信息世界里，人们的感觉器官随时随地都要受到各种各样的信息的刺激，不可能也没有必要对它们都加以注意、做出反应，只能集中注意到某些信息而舍弃其他的信息，这就是选择性注意。

2. 选择性理解

一则新闻信息从媒介传出，其形式是由一系列信号组合而成的新闻编码，当它引起受众的注意时，受众要对其编码进行翻译，将所接收的信号还原为信息，这就是译码。

编码是使用一定的代码，将新闻所反映的事物的信息，编成一定的信号组合，并赋予其意义。译码则相反，它要根据这一信号组合，理解它的意义并做出解释，使其还原为信息，从而了解该新闻所反映的事物。

因此，译码的过程是理解并在理解的基础上做出解释的过程，而理解的过程是一个很复杂的心理过程。同一条新闻信息，不同的受众往往会做出不同的理解和解释，产生不同的反应；有时受众所理解、还原的意义与传播者意欲传递的本来的意义相去甚远，甚至完全相反。这是什么原因呢？这就是因为受众在译码时的理解是选择性的理解。

信息以信号组合形式表达意义，理解则是对所接收的信号进行翻译，还原其本来的意义。如果传播者的编码与受传者的识别遵守的是同一思维逻辑，则受传者的理解与传播者原来所传递的信息的意义应是基本一致的。

受众在理解过程中，也要使用自己的“过滤器”，除理解对方外，还要加进自己的某些主观的东西，如感情、想象、动机、态度、习惯，以至立场、观点等；这些，主要属于受众的性格、心理素质及其所处的文化、意识形态，是一种心理性过滤器或文化、意识形态过滤器。它的形成和变化，是以其后天的经验为基础的。因此，人们往往以自己的经验，或者沿着自己固有的心理定式，或者本着自己当时的心理精神状态去“读解”新闻，解释意义。由于每个人的性格、心理素质和经验不会是完全相同的，因而对同一信息的接收和理解也不会完全一致；有时，甚至还能以自己的理解，去主动发现和解释隐含在信息里面的一些东西，引发出一些新的意义；在这种情况下，就发挥出了选择性理解的“再创造”作用。

由此可见，选择性理解只要不歪曲理解对象的内涵和外延，不违反信息的客观性，就并不是消极的，还可能是积极的。人们对于世界的理解，如果没有一定程度的“再创造”，就得不到新的认识；一个信息的实际意义，也不仅存在于其载体中，还在一定程度上存在于受传者的创造性理解中。

3. 选择性记忆

记忆是人脑对经历过的事物或活动的反映。新闻受众的记忆则是受众对新闻所反映的事物的记忆。受众接收新闻的心理活动从注意开始，到记忆结束。记忆是受众的接收心理活动的最后阶段，是受众接收心理过程的完成。

无论什么，人都不可能将自己经历过的事情全部记住或全部记清楚。新闻受众也不可能将自己注意和读解过的新闻全部记住或全部记清楚，常常是对某些信息记忆深刻，对某些信息记忆模糊或只记得其中一部分内容，而对某些信息则是过后就忘记了。这种记忆上的取舍就是选择性记忆。

这种选择性记忆，也同样受到受众的需要、兴趣、态度、情绪等性格、心理因素以至立场、观点等意识形态的影响，是他们的心理性过滤器或文化、意识形态过滤器在起作用，因而他们所能记忆的常常是与他们的观点、立场以及兴趣、需要等相一致而愿意记住的那些信息内容。

不过，选择性记忆除受到受众的上列诸主观因素的影响外，也会受到传播环境、形式等因素的影响。因此，传播者也可采取改善传播环境、加大传播强度等办法，去增强受众的记忆。

记忆可分为瞬时记忆、短时记忆和长时记忆。瞬时记忆是伴随着注意而产生的，短时和长时记忆则要在理解的基础上才能产生。瞬时记忆大多转瞬即逝，只有小部分内容经过理解而转为短时记忆，这是接收信息的最大量的心理活动。由于受众记忆的选择性，大部分短时记忆的信息也会逐渐消失，只有少数短时记忆的信息在受传者的大脑皮层上形成暂时神经联系而以痕迹的形式保留下来，成为长时记忆；这种长时记忆的信息是信息的储存，是受传者的知识积累。

以上选择性注意、选择性理解和选择性记忆构成了受众的选择性心理，是受众接收和处理信息时较为普遍存在的心理现象。受众首先是进行选择性注意，舍弃一些注意；如果舍弃不了，则加以选择性地理解；如仍回避不了，则采取选择性记忆。对这种选择性心理的形成，国外传播学者做过不同的解释，主要有以下三种。

认识连贯论的解释。认为人的认识具有连贯性，因而会有意识地或者下意识地选择与自己的观点、信仰、经验以及知识积累等相一致的信息；反之，则不予注意，或曲解其意，或忽略忘却。

使用与满足论的解释。认为人们使用某种媒介，主要是为了满足自己的兴趣或需要。他们所注意、理解并记住的，是能得到这种满足的信息；否则，就会被舍弃。

可获得性论的解释。认为人们所选择的是那些易于获得和易于接收的信息。在条件相同的情况下，易于获得和接收的信息，也较易于引起受众的注意。

这些解释都有一定的道理。这里，需要指出的是，受众的选择性心理并非必然的，不一定在所有传播中都会发生，也不一定所有的受传者都会有这种心理和行为。信息接收的心理活动是极为复杂的心理活动，不仅选择性心理可起作用，遵从性心理也可同时起作用。

（五）受众的求真心理

受众希望获得真实的信息，而人们在接收新闻前就存在着一个基本的假设：大众传播媒介所传播的新闻信息是真实的。一旦新闻报道违背了这个前提，受众会产生受欺骗和被愚弄的感觉，这也是新闻传播要避免的大忌讳。由此可见，受众接触新闻的首要出发点就是获得真相。新闻媒介是环境的监测者，它通过敏锐的触角为公众提供第一手的关于环境变动的信息。在纷繁复杂的社会现实中，受众希望借助新闻媒介了解现实真相，为自己的决策提供参考。求真不仅包括知道究竟发生了什么事情及事情的经过和结果，而且包括了解为什么会发生这些事情。真相的公布满足了受众的知情权，能消除受众的疑惑，避免不必要的猜测。

（六）受众的逆反心理

所谓逆反心理是指受众在接收新闻传播的过程中，对传播内容产生的一种抵触心理。这种抵触心理不是一般的不喜欢、不接受，而是表现出积极的心理抵抗。受众的逆反心理带有一定的盲目性质，常常为情绪所左右。受众会因为讨厌某一个主持人，进而讨厌他的一切，包括他所传播的信息内容。受众一旦产生了逆反心理，就会产生许多负面的、消极的作用。受众之所以会对新闻传播产生逆反心理，与新闻传播媒介平时的失真、失当、失策、失误有密切的关系。不少受众对于典型人物的报道比较容易产生逆反心理，主要是因为新闻传播媒介平时在报道这些典型人物时有不真实的情况发生。新闻传播媒介应有效地消除受众的逆反心理，在平时的新闻报道中注意从多个侧面和不同角度进行报道，而不要一味批评或者表扬，要尽可能地让广大的受众看到真实的、全面的情况，让受众自己去选择。

（七）受众的遵从心理

受众的遵从心理，指受众个体在接收和处理信息时，不知不觉地受到其所属群体的影响而采取与群体中大多数人相一致的反应的这种心理现象。

人是社会动物，是一切社会关系的总和。在接收和处理信息时，作为独立的个体的人，自然会有选择性心理，极力维护自己的个性；而作为社会的人，总要从属于一定的群体，又会遵从群体的大多数人，表现出遵从性心理。

在信息传播中，一定的群体中的大多数人对某一特定的传播内容所形成的一致的意见和反应，对这一群体中的成员个体在心理上会产生一定的无形的压力，进而使其放弃或改变自己的看法，而赞同多数人的意见，做出与多数人相一致的反应，这就是群体压力，它是个体产生遵从性心理的根本原因。这种群体压力对群体中的个体虽并不具有强制性，但可形成群体成员的一种舆论导向和心理定式，使得成员个体害怕因坚持已见而受抨击甚至被排挤，以致不得不脱离本群体而投入别的群体。这样，就形成了群体中的成员个体的遵从性心理。

这种遵从性心理倾向的强弱，既与群体的因素有关，也与个体本身的因素有关。

群体因素包括群体的性质、规模及其内聚力等，基中，群体性质最为重要。美国的沃纳丁·赛弗林和小詹姆斯·W.坦卡特将群体分为基本群、参照群、偶然群三种类型，这是人际传播所做的分类；从受众的遵从性心理的形成看，社会学对社会群体所做的分类是更为重要的。社会学按照不同的标准将社会群体分为以下几种类型。

①将联系群体成员的纽带作为标准，可分为血缘群体、地缘群体和业缘群体。

②将群体中人际关系的亲密程度作为标准，可分为初级社会群体和次级社会群体，即社会组织。

③将群体的社会关系是否得到在它们之上的社会组织的正式认可作为标准，可分为正式群体（正式组织）和非正式群体（非正式组织）。

④将群体的个体与该群体的关系作为标准，可分为我群体和他群体，我群体是与其个体关系密切、休戚与共的群体；也可分为成员群体和参照群体，某个个体生活于其中的群体是其成员群体，而影响该个体的思想和行为的群体则是他的参照群体。

很显然，群体压力的力度，一般来说，血缘群体要大于地缘、业缘群体，初级社会群体要大于次级社会群体，正式群体要大于非正式群体，我群体要大于他群体，参照群体要大于成员群体。

遵从性心理倾向的强弱，除受到群体因素的影响外，还与个体自身的因素有关，这主要取决于个体的威信和心理特征。个体的威信高，就容易影响别人，容易得到别人的遵从；而一个意志坚强、具有较强的自尊心和自信心的人，就不容易为别人所左右，较少产生从众的心理和行为。

第三节　融媒时代新闻受众的定位

融媒时代新闻传播的受众定位是指在融媒时代对新闻媒介的目标受众进行确定，并在分析新闻媒介市场以及媒介产品市场定位的基础上做出科学、合理的决策。

一、融媒时代新闻受众定位的原因

融媒时代新闻受众定位的原因主要包括以下几方面。

（一）受众自身发生了巨大变化

我国在进行社会转型和体制转轨的同时，使得原有的社会群体内部产生了一些新的阶层。与此同时，伴随着改革开放的不断深入，新的阶层也不断产生。而在社会阶层日益多元化的影响下，受众对新闻信息的需求变得多种多样。这不仅使得新闻传播受众市场的分割越来越严重，而且在一定程度上促进了新闻传播受众市场进行重新组合。在这一趋势的作用下，新闻媒介越来越重视对受众进行细分与定位。

（二）受众市场的竞争日益激烈

自改革开放以来，我国经济得到了快速发展，科技水平也有了很大的提高。在这一形势的影响下，新闻媒介获得了极大的发展，从而使我国的新闻传播事业发生了重大变化，具体来说表现在两个方面：一是新闻媒体的数量有了快速增长；二是新闻媒体的种类得到了极大增加，除了传统的一报二台外，电视台、广播电台、报刊的种类快速增加，还出现了数字电视和互动电视。在此影响下，新闻媒介之间的竞争日益激烈，而且一家新闻媒介将所有的受众都覆盖过来越来越不现实。于是，新闻媒介不得不重新确定最适合自己的目标受众，并采取有效措施尽可能争取目标受众。

在新闻媒介之间的竞争日益激烈的同时，受众对新闻媒介有了更大的选择空间和选择余地，从而促使我国的新闻传播事业逐渐由卖方市场转变为买方市场。而在买方市场逐渐形成的过程中，新闻媒介日益意识到通过受众定位来促进自身发展，进而在激烈的新闻媒介竞争中脱颖而出的重要性，并积极着手进行受众定位。

二、融媒时代新闻受众定位的方法

融媒时代新闻受众定位的方法主要包括以下几种。

（一）分层定位法

分层定位法是指新闻媒介的各层次分支依据影响受众需求的要素进行逐步逐层的定位。当前，电视频道在发展与运作的过程中应逐渐走向专业化，已成为电视媒介的共识。电视频道要想朝着专业化方向发展，首先要进行准确的频道定位。而能否准确地进行频道定位，深受受众分类细不细的影响。在进行受众细分类的基础上，专业化频道定位要进一步明确核心受众、边缘受众和潜在受众。以中央电视台来说，在依据受众不同信息需求的基础上划分成了新闻频道、财经频道、体育频道、综艺频道、电影频道、电视剧频道、戏曲频道、少儿频道等专业频道。而具体到某一频道如体育频道来说，广大的体育爱好者是其核心受众，而休闲、旅游等类型节目的适当配置又为其赢得了数量不少的边缘受众。因此，专业频道的受众定位要做到“宽窄适度，范围适中”。

（二）动态定位法

由于新闻媒介的受众群体不是一成不变的，而是处于不断的变动和分化中的。因此，新闻媒介在进行受众定位时，可以采用对这一现象有充分考虑的动态定位法。所谓动态定位法，就是新闻媒介在进行受众定位时不能一劳永逸，而要在不断实践的基础上进行科学和可行的定位。

（三）综合定位法

综合定位法是指根据影响受众定位的两种或两种以上的因素进行受众定位。在当前，新闻媒介想仅仅依靠影响受众定位的一种因素就准确地进行受众定位几乎是不可能的，必须要对几种因素进行有机组合。这既是由新闻媒介自身的特点决定的，也是由受众市场的需求状况决定的。

三、融媒时代新闻受众定位的影响因素

融媒时代新闻传播受众的定位受到一定因素的影响，概括来说，这些因素主要包括以下几方面。

（一）受众的职业

处在同一城市中的受众，由于职业不同，在兴趣、爱好等方面也会表现出较大的差异。而对于任何一家新闻媒介来说，在进行受众定位时将不同职业身份的受众的兴趣、爱好都包罗进来是根本不可能的。因此，新媒体环境下的受众定位也要充分考虑到受众的职业身份这一因素。

（二）受众的年龄

受众的年龄不同，对信息的需求也会存在较大的差异。如年轻人更喜欢时尚、娱乐、游戏等方面的信息；中年人更喜欢与国计民生以及人民的切身利益密切相关的信息；老年人更喜欢健康、养生等方面的信息。因此，新媒体环境下的受众定位绝不可忽视受众的年龄这一重要因素。

（三）受众的心理机制

受众的心理机制决定着其对新闻信息在数量和质量方面的需求。因此，只有充分地了解与把握受众的心理机制，才能更好地满足受众对新闻信息的需求。以此为基础，新闻传播媒介就可以大大提升准确进行受众定位的能力。

（四）受众的受教育程度

新闻媒体、新闻栏目、新闻报纸由于自身内容定位的不同，对受众的受教育程度的要求也有所差异。通常情况下，电视受众的受教育程度普遍低于报纸受众的受教育程度，因为不识字的文盲也可以观看电视节目，而不识字的文盲要阅读报纸则是不可能的。另外，晚报、都市报的受众的受教育程度普遍低于大型综合性日报的受众的受教育程度；娱乐类节目的受众的文化素养普遍低于时政类节目的受众的文化素养。因此。新媒体环境下的受众定位也要考虑到受众的受教育程度这一重要因素。

四、融媒时代新闻受众定位的转变

受众定位，就是确定媒介的目标受众，立足于对媒介市场的分析及对媒介产品的市场占位做出决策。众所周知，随着经济的发展、科学技术水平的提高，媒介的发展速度逐步加快，大众传播已经进入了由“大众”变为“小众”（或称“分众”）、由“广播”变为“窄播”的转型时期，一家媒介覆盖全体受众的情况已经不再可能实现，每一家媒介都必须有所选择、有所放弃，确定最适合自己的目标受众。

在新媒体扮演重要角色之后，诸多新媒介的使用者难以用传统意义上的“受众”概念来进行指称。“受众”一词失去了明确的指向性，“用户”的概念逐渐被引入传播学领域，融媒时代新闻受众定位也因此发生了以下几方面的转变。

（一）从消费商品到生产商品

融媒时代，受众作为媒介商品消费者的身份逐渐发生了改变。受到后现代主义思潮全球化的影响，多元主义价值观在经济全球化的多元文化互动中得到了更多的文化认同。传统媒体消费者的“被动的信息接收者、目标对象”的角色逐步被“搜寻者、咨询者、浏览者、反馈者、对话者、交谈者”等新角色所取代。“用户生成内容”概念的诞生与日益流行，正是这种身份转换的标志。用户生成内容主要是指用户通过不同的形式在网络上发表自己创作的文字、图片、音频、视频等内容，它是Web2.0环境下一种新兴的网络信息资源创作与组织模式。由此可见，在融媒时代，用户正由消费者逐渐向网络产品的生产者转变。

（二）从匿名群体到真实个体

在传统的大众传播理论中，受众常以匿名的和不具个性的客体出现。虽然有些受众成员偶尔也会通过各种形式直接或间接地参与新闻媒体工作，但总体而言，受众对于新闻媒体来说是一种笼统的、隐蔽的存在。

在融媒时代，互联网用户越来越难以隐匿自己的形迹；而从主观方面看，用户在网络中呈现自己真实、固定身份的意愿也日趋增强。如今，只要你对某个人有兴趣，就可以阅读他的博客，订阅他的网摘，通过社交网站等方式熟悉他的朋友圈子、接触他的人际关系网，通过豆瓣网了解他在读什么书、看什么电影，通过微信朋友圈欣赏他的照片、了解他的动态……更为关键的是，各种平台和渠道都在竭力相互融合、相互贯通，努力让用户通过一个入口就能走进某一个用户的全部个人世界。

由此可见，匿名性绝非互联网用户的特征。随着网络和新媒体的广泛应用，用户越来越倾向于有选择地公开个人隐私，把现实生活中的自己呈现于互联网，塑造一个真实的、固定的个体身份。

（三）从被动接收到主动获取

进入融媒时代之后，互联网逐渐打破了传统大众媒体对信息源的主导地位，互联网用户拥有了获取信息的主动权。随着互联网的快速发展，世界各国、各地区的联系日益密切。它对传统的地缘政治、地缘经济、地缘文化的概念具有很强的冲击力，形成了以信息为核心的跨国界、跨文化、跨语言的全新虚拟空间。相关调查表明，互联网已经成为大多数人获得新闻和信息的第一来源，而利用电视、无线广播、报刊等媒介获取新闻的比例呈现下降的趋势。这主要是因为新产生的信息大多是数字化、网络化的，而原有的重要信息也经历着被数字化、网络化的过程。互联网的运用为人们快速找到自己所需要的信息提供了方便。互联网从根本上改变了人们在接收信息方面的被动地位，用户可以根据自己的需要选用有效的信息。另外，互联网用户可以自由地选择他们想看、想读的信息。这种选择无论是对信息内容的选择，还是对信息的接收形式、接收时间、接收顺序的选择都极具灵活性，用户主动获取信息的渠道逐渐多样化。

（四）从受众反馈到用户体验

目前，人们普遍认为受众是新闻传播的积极参与者，而受众对于新闻媒介整个运作过程的参与，主要是通过以各种形式的反馈向记者、编辑和媒介的决策者表达他们的意见和期望来实现的。受众对新闻媒介最经常、最权威的评价就是对各种媒介的接触程度，即报纸的发行量、电台节目的收听率、电视节目的收视率。发行量、收听率、收视率是新闻媒介的生命线，而受众控制着这条生命线。在我国，随着市场经济的深入发展，受众得到了真正的重视和尊重。当新闻媒介真正走向市场、参与市场竞争后，新闻媒介的从业人员才懂得，受众是新闻媒介得以顺利运行的主要力量，是新闻媒介的“上帝”。然而，受众对于新闻媒介来说，是一种模糊而微弱的存在。受到各种因素的影响，传统媒体受众的反馈手段仍比较落后，反馈通道不够通畅，反馈信息量小，速度也慢。随着“体验经济”概念的提出，人们对体验经济的产生以及体验经济对社会生活产生的影响进行了研究。用户体验被定义为“人们对于正在使用或期望使用的产品、系统或者服务的认知印象和回应”。这一概念最初运用于IT应用设计领域，但由于其他行业的竞争背后也普遍存在用户体验的竞争，因此这一概念逐渐被推广。它主要包括产品或服务的象征意义、产品的易用性、产品的功能、产品提供信息的准确性和合理性。互联网时代的用户体验具有以下特征。

第一，用户的个性化需求提高。“体验”因其独特性使自身成为一种相对稀缺的资源，而突出人性化是用户体验最大的特点。因此，要针对用户个性特征以及具体的需求来为用户提供相应的信息服务。

第二，用户的参与性需求提高。互联网时代的用户不仅仅关注信息本身，更关注其来源以及获取途径。相较于结果而言，用户更重视过程。因此，信息服务应该具有开放性、互动性。

第三，用户的情感性需求提高。用户在关注信息服务内容和质量的同时，更注重情感的愉悦和满足。他们更注重整个消费过程的环境、信息关联度以及技术条件支持带来的真实感受。

随着互联网的普及，网络用户的地位发生了明显的转变。在传统的传播结构中，“反馈”一词反映了受众处于被动地位。而在新媒体环境下，相较于“反馈”而言，“体验”的概念更能对用户在传播结构中的地位和角色进行准确的描述。互联网传播的交互性对旧有的传播方式而言是一个革命性的突破。在互联网中，用户享有前所未有的参与度，媒体和用户形成充分的双向交流。

（五）从接收信息到传播信息

融媒时代，随着互联网技术的使用和推广，用户具备了成为信息传播主体的条件。数字技术使传者与受者位置互换、重叠、界限模糊，传播活动逐渐“去中心化”。在Web2.0的技术平台上，信息传播交互的每一个节点都可能是一个传送或接收的中心，传播活动早已不再是自上而下的单向式传播，而是呈现信息传播的双向结构和网状结构。相比之前，人们进行传播活动更加便捷、高效，每个用户都可以在对话中实现决策参与，成为传播活动的主体。

互联网用户作为信息的传播者，其主要传播特征即自媒体表达。“自媒体”这一概念由谢因·波曼与克里斯·威理斯在《自媒体》中提出。每天人们通过论坛、博客、微博等渠道发表的言论达数百万条。这是一个庞大而独立的自媒体群，每个人在即时化的海量信息传播中，模糊了个人媒体和传统大众媒体的边界。除了拥有巨大影响力的名人通过“自媒体”表达观点和传播信息以外，普通公民在维权抗争、实行监督、观点交流方面也表现出巨大的活力。官方控制民众自由表达的时代已经一去不复返，公民在“信息权力”上逐渐变得强势。正是这种影响力的上升，促使国家、政府在各个方面更加重视舆论带来的压力，不断改进管理模式。信息的快速传播、扩散不仅在信息选择上成就了普通公民自由的表达权，也在信息解释、观点呈现上摆脱了传统媒体报道的框架，给予了公民自由表达的权利，由此深刻影响了一个国家的政治参与结构。

第五章　融媒时代的新闻传播媒介

一提到新闻，人们总会想到报纸、广播、电视、互联网、手机等，在现代社会人们了解新闻的途径大部分来自互联网或者手机，实际上，新闻并不仅仅存在于这些新闻媒介。本章分为纸质媒介与新闻传播、电子媒介与新闻传播、新媒介与新闻传播三部分，主要内容包括：纸质媒介的诞生及发展、期刊和新闻传播、报纸和新闻传播等方面。

第一节　纸质媒介与新闻传播

新闻传播的纸质媒介包括报纸和期刊，其诞生和发展对人类传播活动所产生的作用非常巨大。虽然纸质媒介在融媒时代面临着巨大的挑战，但是其具有独有的优势和特点，电子媒介和新媒介虽然能够代替其部分功能，却无法将其完全取代。

一、纸质媒介的诞生及发展

纵观传播的发展史，人类的传播始于面对面的沟通，之后才发展到借助媒介的传播。在传播媒介的演进过程中，文字时代的到来，直接催生了书写媒介的使用，造纸术的发明，改变了信息传播的广度和深度，而印刷术的革命，使得纸质媒介的大众传播成为可能。

（一）造纸术的发明

简单地说，文字的演变，经历了从象形再现到语音系统的过程，从用图画式的绘图表达复杂的概念，发展到用简单的字母示意具体的声音。这些简单的字母，在后来的生产生活过程中，经过标准化，成为最早期的文字。

文字出现之后，作为某种共同的编码，成为人类传播活动发展的重大突破之一，但随即人们发现，这些刻于石头、木片、竹片之上的文字难以搬运，其传播功能更是难以实现，传播文字的媒介成为当时最紧迫的需求。约在公元前2500年，埃及人发明了用莎草制作纸张的办法，同莎草纸齐名的还有中国的“丝絮纸”和墨西哥的“阿玛特纸”。丝絮纸史称“薄小纸”，始于商代。阿玛特纸由一种叫阿玛特的阔叶树的树皮纤维制成，由印第安族的玛雅人首先发明。

（二）印刷术的革命

廉价纸张的问世，是纸质媒介诞生的前提，而印刷术的革命，则为纸质媒介提供了必要的技术条件。

早在唐朝初年，中国古代劳动人民就发明了雕版印刷术，这是印刷术的起步，至宋仁宗庆历年间，印刷工人毕昇发明了活字印刷，但这种技术未能得到广泛推广，直至元朝的大德年间，农学家王祯发明了木活字和转轮排字架，活字印刷术才得到广泛使用。

印刷术发明之后，印刷新闻的出现改变了信息传播的深度和广度，从17世纪开始，印刷术广泛使用于新闻传播活动中，至19世纪30年代，快速印刷技术开始与报纸的概念相结合，成为一种真正的大众传播媒介——报纸。

二、期刊和新闻传播

新闻期刊以刊载时事性内容为主，有固定名称，按照一定版式装订成册，按顺序编号出版。在内容上，主要分为综合性新闻期刊和专业性新闻期刊，按出版周期分类，有季刊、双月刊、月刊、半月刊和周刊等。在内容生产链上，它扮演着后发制人的角色。期刊的专业性是一个有趣的问题，这是其他媒介很少碰到的。比较起来，期刊对文化的影响是最大的。

现在有一种趋势，使得报纸和期刊在形态上的区别越来越模糊。一方面，报纸的头版开始朝着期刊化的方向发展，采用大字标题和大幅照片，也就是我们常说的“报纸读图化”；几乎所有的报纸都采用了导读的设计，而这原本专属于期刊的特色；同时，报纸越来越厚，“厚报化”似乎是另一种期刊形态的先兆；另一方面，大量的学术期刊取名为“学报”。强调服务性的城市报纸却不再以某某报为名，这些变化都让我们在区分报纸与期刊时容易产生混淆。

于是，有观点认为，不能仅从形态上区分报纸与期刊，它们之间的区别，最主要的还是各自承担的任务、发挥的职能不一样，也就是说，主要的区别在于各自刊载的内容不同。报纸以刊载新闻和评论为主，期刊则以刊载时事性文章和评论为主。用马克思和恩格斯的话来说，报纸的优点在于每日都能干预运动，能够成为运动的喉舌，能够反映出当前的整个局势，能够使人民和人民的日刊发生不断的、生动活泼的联系；而期刊的优点则在于能够广泛地研究各种事件，只谈最主要的问题，用列宁的话说，报纸适合于鼓动，而期刊则适用于宣传。我国新闻学者戈公振主张从内容上来区分报纸和期刊，他认为，报纸以报告新闻为主，而期刊则以刊载评论为主。

三、报纸和新闻传播

（一）报纸的发展

当今世界上，大概有几万种报纸。其中有些报纸以历史悠久、影响巨大而著名。

美国是世界上报业最发达的国家之一。其中，《纽约时报》创刊最早，在美国最负盛名，有“档案记录报”之称。它能充分地、及时地和详尽地报道国内外大事，并刊登一些重要演说和报道的全文。《华盛顿邮报》在世界上的地位，是在“水门事件”后确立的。它尽全力对“水门事件”进行调查，最后导致尼克松总统下台。

英国是世界上拥有现代报纸较早的国家之一。英国的报纸分“高级报纸”和“大众报纸”两类。所谓高级报纸，是指出版方针比较严肃，主要刊登国内外时事与政治评论，对社会新闻不加渲染，篇幅大，报价高，供上层人士阅读的报纸。其中比较著名的有《泰晤士报》《每日电讯报》《卫报》《金融时报》《观察家报》等。所谓大众报纸，是指那些主要迎合一般读者的兴趣，常登一些社会新闻甚至黄色新闻，而对国内外大事则以短小、通俗形式报道，主要供市民阶层阅读的报纸。其中比较著名的有《太阳报》《每日镜报》《每日快报》《每日邮报》等。在英国的所有报纸中，《泰晤士报》以其历史悠久、消息灵通、最有权威成为世界驰名的报纸。

法国报业中比较著名的有《世界报》《费加罗报》和《法兰西晚报》。前两种为高级报纸，后一种为大众报纸。

在亚洲，日本是报业最为发达的国家。日本的报纸分中央级报纸和地方级报纸两类。其中著名的是《朝日新闻》《读卖新闻》《每日新闻》《日本经济新闻》《产经新闻》等。

其他较为著名的报纸有德国的《世界报》、意大利的《晚邮报》；加拿大的《环球邮报》、埃及的《金字塔报》、澳大利亚的《时代报》、印度的《印度时报》等。

我国是世界上产生古代报纸——邸报最早的国家。但邸报从内容到发行都不是现代意义上的报纸，而是一种政府公报。我国封建社会一直延续到20世纪，因而近代报纸的出现比西方资本主义国家晚了几百年。鸦片战争后，外国传教士在中国创办了一些既像报又像刊的东西，如《察世俗每月统计传》《东西洋考每月统计传》。

中国人自己创办的报纸，最早要算《中外新报》。而在中华人民共和国成立之前，比较著名的报纸有王韬创办的《循环日报》、1872年创办于上海的《申报》、梁启超主编的《时务报》、"兴中会"创办的《中国日报》、"同盟会"创办的《民报》、邵飘萍创办的《京报》、中国共产党创办的《向导》《热血日报》《解放日报》和《新华日报》等。

中华人民共和国成立后，特别是21世纪80年代以后，我国的报刊业突飞猛进地发展，到20世纪90年代已突破2000种。其中重要的有《人民日报》《光明日报》《解放军报》《文汇报》《经济日报》《中国青年报》等。

（二）报纸的特点

报纸是以刊载新闻和时事评论为主要内容、以散页的形式定期连续向公众发行的出版物。

作为一种历史悠久的新闻传播媒介，报纸具有独特的传播手段和传播特点。所谓传播手段，是指信息传播的符号，即物质承载形式。报纸的传播手段主要是文字和图片（包括版面）。文字是对语言的记录，属于语言符号系统，它具有语言符号所具有的基本特征。这种特征包括以下几点。第一，任意性，即符号的"施指"（声音和形象）和符号"受指"（概念）之间不存在自然的、必然的联系，而是任意的联系。第二，符号施指以线性关系呈现。符号施指在语言中是一种声音，必须依时间顺序接连出现。当语言变成文字时，这种线性关系就更加明显。因此，语言符号能够条理清晰地表述抽象而深刻的道理。

图片是一种非语言符号，而非语言符号的指代关系和表述关系之间具有必然性。同时，非语言符号可以通过多渠道、非线性传播。因此，非语言符号比语言符号更真实、更生动。报纸的传播手段以语言符号为主，以非语言符号为辅。这就使得报纸既能表达抽象而深刻的概念，又能展示具体的事物，从而为读者提供宽广和深邃的阅读和想象空间。上述传播手段决定了报纸具有以下四方面明显的传播特点。

第一，报纸便于深度报道。报纸主要以文字符号传播信息，这样便于对新闻事件进行深入的分析，还可以提供背景材料和相关历史知识，说明新闻事件的因果关系，预测新闻事件的发展趋势，从而帮助读者更深刻地理解重要新闻。广播电视产生以后对报纸的时效性形成了极大的挑战，于是报纸另辟蹊径，向深度报道、解释性报道、调查性报道等深度报道方向发展。这样就形成了广播电视以快速取胜，报纸以深度报道见长的局面。

第二，选择性强。报纸上的所有内容以版面的形式呈现于读者面前，读者阅读报纸可以不受时间、空间和内容上的限制。从时间上看，读者阅读报纸可早可晚，可快可慢，完全可以根据自己生活和工作的节奏安排阅读时间。从空间上看，报纸便于携带和保存，读者阅读不受地点的限制和环境的干扰。从内容上看，读者阅读新闻可详可略，不必像接受广播电视新闻那样按时间和顺序一条一条地接受。

第三，记录性和保存性强。报纸是纸质载体，“白纸黑字”，便于长期保存。报纸是现实生活的记录者，也是历史研究的珍贵资料。所以，人们常说“报纸是历史的教科书”“今天的新闻就是明天的历史”，就是这个道理。

第四，传播速度相对缓慢。和广播电视相比，报纸的出版过程复杂，采写、编辑、排版、印刷、发行等缺一不可，报道新闻的速度不如广播电视迅速及时。另外，报纸以文字符号传递信息，对阅读者的文化水平有一定要求，直接受众不如广播电视广泛。但是，这种“缓慢”也是相对的。在一定的时间中、一定地区内和一定事件上，报纸的传播速度甚至会相对地快于广播电视。在当今激烈的媒介竞争中，报纸既要发挥自身的优势，又要不断地随着科学技术的进步来克服自身的缺点。例如，2003 年 2 月 1 日美国航天飞机“哥伦比亚”号失事，正在欢度春节的广州市民大多数是通过《南方日报》在第一时间获悉的。这说明，新闻传播的速度不仅与新闻传播媒介的速度有关，而且也与受众的收视习惯相关。就大多数正常工作、学习和生活的人们而言，他们对于报纸的依赖并不亚于对广播电视的热衷。

四、融媒时代的纸质媒介

当年电子媒介出现时，就有言论预测纸质媒介将要消亡。新媒体出现之后，这个论调又再次被提起，然而直到现在，报纸、期刊等纸质媒介仍然存在，虽然销量有所减少，但至少目前还不用担心消亡的问题。

传统报纸的劣势在于，囿于截稿时间和排版、印刷等环节，新闻传播的时效性较差。新闻信息只能通过文字、图片等静态符号来展现，现场感、生动性不够。互动性表现出间接、延时的特点。互联网显然可以弥补传统报纸的弱势。这就需要报纸媒体树立开放的心态，积极与互联网展开合作，借助网络力量，提升传播能力。

（一）报网互动

“报网互动”是近几年媒介领域颇为流行的一个词。报网互动是指报纸与网络发挥各自的优势，展开多层面的合作与互动。报纸建立自己的网站，依托网络平台，优化新闻报道流程，这是报网互动的前提。报网互动主要有四个层次。第一个层次是纯技术层面的互动，即报纸利用网络平台发布信息产品，这也是最为初级的报网互动。第二个层次是内容层面的互动，即新闻生产环节的互动，这是报网互动当中最核心的内容。第三个层次是发行、广告层面的互动。第四个层次是品牌层面的互动，包括大型媒体活动中的报网互动，以及媒体品牌传播、体制创新中的报网互动，其建立在前面三个层次的基础之上。

（二）全媒体再造

网络技术和新媒体的发展使媒介呈现出融合的趋势。不少传统媒介在转型的过程中，提出了“全媒体”的概念。全媒体，顾名思义，即突破媒介界限，建立在整合和融合基础之上的，能综合运用多种表现形式进行新闻传播的综合性媒介平台。从其内涵来讲，全媒体不仅仅是指人们直接能感受到的传播内容的多媒体表现，而且应该包括全媒体观念、全媒体采编、全媒体经营等内容。

就报纸媒体而言，全媒体战略就是打破传播介质和表现形态的束缚，利用互联网、移动终端等新媒体技术，改变原有的单一纸质媒介传播方式，将新闻传播延伸至其他载体，建立组合式的、跨媒体的内容发布平台。

在全媒体理念之下，报纸记者不再只是文字记者或摄影记者，而是全媒体记者，即能熟练使用多种采访工具、采用多种报道方式来完成报道。

全媒体的新闻制作方式，必然要求媒介组织建立新的新闻采编流程，采集新闻素材，根据不同受众的接受特点进行加工，制成不同的新闻产品，最后通过不同的传播渠道（媒体）传播给受众。

第二节　电子媒介与新闻传播

一、广播

1920 年 11 月 2 日，由美国匹兹堡西屋电气公司开办的 KD-KA 开播，这是世界上第一座有正式营业执照的广播电台，以新闻节目的播出为主，对于美国总统候选人哈定和柯克斯的竞选播报，使其名声大振。之后，法国和苏联也分别于 1921 年和 1922 年建立了自己的广播电台。随着电台的日益增多，为了协调国际间的电波使用秩序，1925 年国际广播联盟在日内瓦成立。1927 年 10 月，国际广播联盟在华盛顿召开世界广播大会，决定把全世界的广播地域分成 15 个波长带，制定了频率分配表，使各国电台广播不至于相互干扰。广播出现后迅速在世界各国普遍发展起来，不仅广播电台的数量快速增加，节目类型也日渐多样，内容不断丰富。

广播是通过无线电波或导线向广大地区传送声音的新闻传播媒介。新时期，伴随着数字化蔓延，数字化广播也逐渐出现，并以其抗干扰、高保真、便于储存、可通过网络传输、可附带文字和图像等优势，代表着广播新的发展趋势。

（一）广播传播的优势

作为一种新闻媒介，广播具有以下几个方面的优势。

1. 传播快捷，时效性强

广播新闻的制作过程简单，没有印刷、折叠、运输等多项工序。因此，它加快了新闻的流通速度，可以对新闻事件进行即时发布、即时解读，时效性非常强。尤其是同步广播，它对正在发生的新闻事件（重大突发事件、重要的大会、盛大的活动、精彩的球赛等）的现场进行直接广播，能使人们以最快的方式了解新闻事件的发展变化。

①广播以电波为载体，电波的速度为每秒 30 万千米，相当于绕地球七圈半，传播到收听者的时间差几乎等于零。

②广播开创之初，其主要功能还是以娱乐、商业广告为主。直到第二次世界大战前夕，由于人们急于获知战争情况，广播的快捷特点满足了人们先知先觉的需求，于是广播新闻得到了空前的重视。

③广播新闻制作手续简单，可以免去报纸排版、印刷、折叠、运输等多项工序，加快了新闻的流通速度，加大了新闻节目的容量。

④广播新闻的“滚动式”传播使其“快”的优势得到了充分发挥。以美国总统里根遇刺的新闻传播为例，1981 年 3 月 30 日下午 2 点 25 分里根遇刺，美国广播公司 2 分钟后就开始接二连三地滚动报道，哥伦比亚广播公司 4 分钟过后开始现场报道。其后，各家广播公司各显神通，不断滚动播出各种相关信息和最新动态。几小时后，报纸才有相关报道。

对正在发生的新闻事件的现场直接广播是新闻报道中最快的形式，被称为同步广播。同步广播的特征是新闻事件的发展变化与新闻节目报道、播出同时进行。一件引人注目的新闻事件，一个重要的大会，一次盛大的活动，一场精彩的球赛……通过电台的转播，可以使千里之外的人们如同近在咫尺。

总体而言，现在电子新闻传媒报道的时效性高于印刷媒介，而在电子媒介中广播又快于电视，这是广播的最大优势，因此，在事实无误、观点正确的前提下，广播电台要争取做到“先声夺人、贵在神速、分秒必争、以快取胜”。

2. 受众广泛，收听限制少

收听广播的受众不需要具备相当的文化水平，一般只要听力健全，就能成为广播的听众。所以，广播的受众非常广泛。此外，不管天南地北、城市乡村、平原沙漠、海洋高山，广播都可以到达。当发生地震等自然灾害，或交通不便、接收电视信号困难时，就更能突出广播的优势，因为它很少受这些限制。

这是广播的电声特点派生出来的优势。广播用电波作为载体传播，现在更与人造地球卫星结合，其电波几乎可以笼罩全球，可以说，大部分人口都能成为它的传播对象。具体来说，广播传播的广泛性可以由以下几方面体现出来。

①广播传播容易接受。广播使用有声语言传播信息，受众不受文化水平的限制。广播是面向全体人民的，从学龄前儿童到年逾古稀的老人，从文盲到教授，只要具备听觉能力，都可以成为广播的传播对象。

②广播以电波为载体，可以超越国界长驱直入。不少国家开展对外宣传时，首选的新闻传播媒介就是广播，因为它能运用电波、卫星、多种语言同时传播新闻信息和思想观念，是国际外交宣传乃至对敌人进行威吓的强有力工具。与此同时，国际广播也成为各国人民之间加强沟通与交流的纽带。广播的这种特殊广泛性是其他传媒不具备的。

③广播具有伴随性特点。广播在传播的过程中只需调动人们的听觉器官，所

以人们在听广播的同时还可以从事其他活动，比较典型的是城市交通广播和音乐广播，收听对象主要是驾车的司机。广播可以让旅途不再单调，即使堵车也不会难以忍受。此外，一些老年人也习惯在晨练的时候收听广播，接收信息。这种伴随性的特征是广播特有的，既能提高人们的时间利用率，又能在不知不觉中让信息被听众接受，实现其传播效果。

④广播信息容量大。广播新闻 1 分钟大约播出 240 字，一条消息一般在 1 分钟左右，短小精悍，概括性强，信息集中，要点突出，言简意赅。

3. 感染力强

广播是唯一诉诸听觉而非视觉的传播媒介。听众通过它收听新闻时，常常要进行联想，对各种人物形象和事件场景进行“建构”，从而深刻理解事物。此外，声音比文字的表现力更直接、更传神、更亲和，能给人带来面对面交流之感。因此，广播的感染力很强。另外，广播中的音乐可以娱乐身心、陶冶情操，可以给人以身临其境的感觉，从而达到声情并茂的效果。

报纸传播信息主要依靠文字符号（兼有静止照片或图画）。文字符号尽管也作用于人的视觉器官，但它不是直接的形象，受众需要通过阅读将其转换成有声语言，从而深刻理解事物。

广播是唯一诉诸听觉而非视觉的大众传播媒介，传播信息的载体只有声音符号，包括各种音响及有声语言。声音符号作用于人的听觉器官，人们可以通过音响和有声语言较直接地理解传播的内容。它可以省掉文字符号转换成语言符号这道“工序”，传播起来比较直接。俗话说：“闻其声如见其人。”这说明声音具有很强的传真性，它比文字的表现力更直接、传神，声音本身具有丰富的形象性，可以表达各种情感和气氛，如喜、怒、哀、乐、惊恐、无畏、紧张、轻松、诚恳、虚伪、粗暴、亲切、踏实、轻浮、爽朗、忧郁、热烈、沉闷等，声音的传真性，使得听其声如见其人，听其声如临其境。

声音的不同处理和运用本身也可以表达出许多平面文字所无法传递的信息。比如声情并茂的播讲，其感染力和鼓动性绝非平面文字可比。著名记者穆青写的通讯《县委书记的好榜样——焦裕禄》使人深受教育和鼓舞，而经过著名播音员齐越的“再创造”，就更加感人。

4. 有较为灵活的互动

广播是传播声音符号的，而声音符号的生产较之于图像符号和文字符号都要容易操作。广播可以借助电话、手机、网络等新技术平台完成声音符号的生产，并形成多样化的传播形式，如开通热线电话，推出适时播报，为听众直接参与广播创造机会，使得广播在一定程度上可以体现出一对一人际传播的亲和力，传、受双方在互动中实现同步交流、共同分享。

广播可以借助电话、手机、网络等新技术平台形成多样化的传播形式，为听众直接参与广播、发表自己的看法和意见创造机会，实现传播的双向性和互动性。

（二）广播传播的劣势

1. 线性传播，选择性差

节目按编排的时间顺序依次播放，只能被动地按顺序收听，不能自由选择、跳过不想听的内容。人各有异，“众口难调”，播放顺序难以符合所有人的口味。音频信号是顺时连续传播，不宜选择接收，这是广播新闻与生俱来的时序性特质。报纸版面展现在读者面前，一目了然，在一定的时间内可以浏览大略，选择重要的或者需要的来读；但广播是按时间顺序播出，听众只能按时间顺序一个节目接一个节目地听，往往当时想听的内容没有，而不想听的内容却在广播。

因此，人们往往说报纸是个“面”，广播是条“线”，在收音机前，有时听众会感到受限制，缺乏选择的自由，处于被动地位。

2. 转瞬即逝，保留性差

电波、语音的易逝，以及语音的模糊、一音多字，使其在传播数字性和理论性内容方面远不如文字。声音不是实体，由电波携带的声音，可以飞越高山大海，把信息送到受众的耳际，但受众只能听，而不能看到或触摸到它。正因为是非实体传播，广播才能不受空间和其他传递条件的限制，高速度、远距离地传播新闻信息，为传、受双方提供了很大的方便。但它同时也带来了这样那样的遗憾，如只能即时收听，不易保存，不能倒检索，因而也不利于再传播。

电波转瞬即逝，受众难以仔细识记、推敲和思考。文字提供的信息，如果一时没有看清楚、没看懂、记不住，可以停下来反复读、细琢磨，也可以留下来做资料，有时间随时可以再看。但广播是一播而过，第一时间没听清、没听懂、没理解、没记住，也只好作罢。遇到人名、地名或其他专用名词不易听懂，遇到同音或谐音字又易误解和听错。

（三）广播的发展趋势

广播原是 20 世纪上半叶现代高新技术的产物，诞生之初在世界上引起了轰动，尤其是经历了第二次世界大战的洗礼后，广播迅速拥有了庞大的听众群体，当时其在人们心中的地位似大有取代报纸之势。进入21世纪以来，在经济全球化趋势日渐加深，媒介竞争日趋激烈，受众要求越来越高的形势下，广播——作为人类社会最早出现的电子媒介，一方面正受到电视、互联网等传媒的强烈冲击，其影响力不可否认正在减弱；另一方面，世界政治、经济、文化等事业的不断发展，尤其是科技事业的快速进步，为广播的可持续发展带来了机遇和物质基础。广播因此也受到人们的广泛关注。

1. 内容本土化

经济全球化的逐步扩大，带来的是“地球村”式的信息共享，人们比以往更容易接触外部的信息。广播作为一种收听方便、信息传递快、对受众文化水平要求较低的媒介，在及时发布本地新闻讯息方面具有其他媒介无法比拟的优势。随着未来社会信息化程度的不断加深，广播无疑会发挥其媒介优势。因为它能及时、准确地向受众提供当地的新闻资讯、法规政策、交通路况、商品贸易、气象服务等信息，并发挥重大作用。

2. 受众个性化

未来受众的需求将逐步多样化、个性化，他们希望以一种更加简便、快捷的方式获取与自己兴趣爱好相符合的信息。未来广播的受众划分并不以年龄为标准，而是细分到一般节目类型下的某些更细微的类别，这样听众会根据喜好和实际需求各取所需，电台频率同样细分到如专门提供交通新闻、财经新闻、气象预报、娱乐新闻等的专业频率，如上海文广新闻传媒集团对所属东方广播电台新闻综合频率进行全新整合，推出了首个纯新闻类型化电台——东广新闻资讯频率（即东广新闻台）。

在节目类型细化的基础上，未来广播还能够为听众提供更加个性化的服务。听众可以根据自己的喜好选择特制的节目内容，依照自己的现实需求获取最新的实时资讯，实现一对一的传播，这是一种受众主动选择的过程。数字化音频技术的发展和通信技术的逐步完善已经为这种个性化服务的实现提供了途径。

3. 途径多元化

数字音频技术可以将广播节目放在网上，受众可以自己挑选想收听的节目，这改变了传统广播节目的易逝性和接收方式的单一性，使得新闻传播的方式更为灵活。另外，数字音频技术的不断发展还可以实现“广播博客”的服务项目，通过数字交流平台，任何人都可以将自己的“电台”节目传递给其他受众。可以说未来的广播媒体将是一个大型的信息库，它通过各种途径向外传播信息，同时也是一个信息交流的平台。

从世界新闻传播媒介的发展历史来看，任何传媒的存在和繁荣都有其合理性、必然性。广播的优势是其电子媒介固有特性派生而来的，它为广播在媒介发展进程中拥有自己的优势地位奠定了基础。但同时派生而来的是其不可避免的弱点，这一弱点使得广播在与新兴传媒的竞争中处于弱势地位而受到威胁。

在受众要求越来越高的今天，对于广播来说，机遇与挑战并存。如何抓住机遇、迎接挑战、战胜困境是广播媒介研究者、经营管理者和节目制作人共同关注的课题。为了生存和发展，他们正在不断利用人类创造的科技文明弥补广播的弱项，通过加强与其他传播媒介的融合，在创造传播新形态，发掘传播新特点等方面不断挖掘自身潜力，开拓广播的新天地。

二、电视

“电视”这个词来自英文“television”的中文释译。而英文中的 television 一词来自希腊语，是“tele”（远处）和“vision”（景象）两个部分的结合。这个单词非常形象而有前瞻性地表达了电视的技术本质：电视，正是一种将声音、文字、图像等信息转变成某种信号（电子或数字），通过有线或无线的方式进行远距离传播，供大量观众收看的传播媒介。

电视是通过无线电波或导线传输声音和图像的大众传播媒介，电视的产生与发展同样得益于电子技术的进步。随着时代的发展，电视从内容到形式都进行了变革，无线传输技术使得人们可以跨越时空看到从遥远的地方传来的图像，三维动画技术使电视画面更加丰富和生动，数字化的设备使电视图像更加清晰，可以说，电视媒介发展的每一步都离不开科技的探索与演变。

第二次世界大战结束之后，电视技术获得了突飞猛进的发展。经过科学家的努力，人们相继突破了光学、色变学和信息传输理论等一系列难题，制造出彩色摄影管和彩色显像管。1951 年，美国哥伦比亚广播公司（CSB）、美国广播公司（ABC）分别试播了彩色电视节目，美国因此成为世界上第一个播出彩色电视节目的国家。随后，世界各国都进行了自己的电视技术研究，并出现了包括 NTSC、PAL，SECAM 在内的三种制式，我国的电视采用的是 PAL 制。

电视以无线电波传送声音和图像，被称作“20 世纪最伟大的发明之一”。

当今世界上只有13个国家没有自己的电视台。在许多国家，已经形成了卫星电视、有线电视、无线电视、网络电视交叉覆盖，天上、地面、地下立体传输的格局。如果说20世纪20年代以后是广播的时代，20世纪50年代至今则是电视的时代。尽管互联网日益强大，但要取代电视的地位还很遥远。

（一）电视传播的优势

1. 传播迅速及时

电视以电波为载体来传输视频信号，传播速度很快。它与广播一样，可以进行现场直播，同步反映新闻事件。电视同广播一样，在电子媒介技术的支持下，实现了即时、同步地采录和传递新闻信息内容，最终消除了人与人之间的物理时空差距，使信息源与所有的信息终端成为零距离的存在，其典型的传播形态就是我们通常所说的现场直播。20世纪80年代之前，电视新闻的时效性往往不及广播。受技术因素制约，电视新闻的采录和传递，一般都处于差时或延时的状态之中，我们一般称之为录播。此后，电视采用新闻直播、整点新闻播放、滚动播出、随时插播等，实现了电视新闻传播的即时化。

2. 视听兼备，亲切可信

电视以传送声音符号和图像符号而诉诸人们的听觉和视觉，这就使传播的信息更为具体可感。所以，电视特别适合报道现场感强、有视觉冲击力的新闻。

电视是一种直接诉诸人类感觉器官并借此通达于人类心理情感的传播方式。电视媒介以声像一体的符号为基本传播元素，这种原生态的符号具有整体化和全息性的特征，可以直接与人类器官的视听双通道相对应，并通过对人类视觉和听觉的反复冲击，产生一种综合性的感觉联动和统一的感知效果，因而电视媒介具有感性化的传播特征。传播学研究表明：阅读文字，人能记住其中10%的内容；收听声音，能记住20%；观看图画，能记住30%；视听合一，能记住50%。电视新闻集视、听、读三位于一体，自然可以取得其他媒介无法企及的新闻传播效果。如果说印刷媒介给读者带来的是视觉的抽象，并引发他们理性地思考，那么，电视媒介给观众造成的则是感官的直陈，进而引发他们情绪上的感染。以“9·11”事件为例，印刷媒介无论怎样用文字、图片的形式，大篇幅、大版面详尽、深入地报道整个事件，也不及电视新闻通过直接展示飞机撞击大楼的即时画面、嘈杂喧哗的现场声响，给观众在生理、心理上造成的情感冲击。

当然，作为感性化的传播形态，并不意味着电视新闻传播就肤浅、无深度。

电视可以借助于感性化的传播方式穿越新闻事件的表面，进入人类的内心深处，引起观众心理情感的激发和共鸣。然而，在当前大量的日常传播实践中，电视新闻并不能真正成为感性化的形态，而是冷冰冰的、呆板僵化的形式。这其中既有我们新闻观念方面的原因，也有对电视媒介的理解和运用上的问题。因此，如何充分发挥电视传播的感性化特征，是值得我们深入思考的。

3. 渗透性强，覆盖面广

由于电波的穿透能力极强，加之接收条件简便，因此只要是电波可以到达的地方，都能收到电视节目。另外，电视的观众也不受文化水平、年龄、性别和职业的限制，视听觉正常的人都可以成为它的受众。

（二）电视传播的劣势

和广播一样，传统电视也存在线性传播、选择性差、转瞬即逝、保存性差等劣势。除此之外，还有其他弱点和局限，如在材料的运用上容易被时间和空间限制，具体表现在两个方面：一是无法表现人物的内心活动和事物的内在规律，许多背景材料，电视画面难以展示；二是许多新闻事件发生之后，急着赶到现场时已经时过境迁，无法拍摄，即使现场拍摄，有的精彩场面稍纵即逝，抓拍不到就无法再现。而且拍摄就意味着选择，选择哪些场景，用什么景别、角度，都带有记者的主观性。作为电视记者，应该努力克服和消除这些局限性可能造成的传播障碍，从而使电视的优势得到更充分的发挥，使电视真正成为观众获取新闻信息、洞悉外部世界的“窗口”。

（三）电视的发展趋势

如果说声像一体的感性化与传播时效的即时化是传统电视区别于其他媒介的传播特征，那么在数字化技术日益成熟的今天，电视新闻的传播手段将呈现出多媒体化的发展趋势。从技术发展历程来看，媒介形态的演变是依次递进、独立发展的。在未来的信息系统中，电视媒介将从信息接收的终端转化成信息传输网络的中枢，成为多媒体的一个呈现方式，电视机的界面将既是计算机的界面，又是报纸、广播的界面，而且还可能是人机对话的界面，通过它人们可以接收各种视频、音频或是文本形式的新闻、娱乐内容，查阅图书、资料，还可以和任何其他地方联系，享受电子商务、数据下载以及视频点播等多样化的服务。就目前而言，跨媒体运作，如以电视为基础传播平台，综合利用报纸、广播、互联网的独特优势对新闻事件展开综合立体式的报道，已经在媒介传播实践中得到广泛运用。同时，新的传播方式和媒介形态，如数字电视、移动电视、互动电视、手机电视、卫星电视和分众电视等，已经出现并逐步投入传播实践中去。

（四）电视传播的新形式

数字化电视就是用数码信号播出和接收的电视。数字化电视可将节目经过数码压缩，储存在服务器中，接收时解码，还原后在电视上播放出来。用户只要根据荧屏上的指示，操控遥控器按钮，就可方便地选择节目和获取各种服务，还可像控制录像机、VCD、DVD那样，快速地向前、向后、暂停。目前我国数字化电视的发展瓶颈在于接收环节。传统的电视机是模拟、复制拍摄对象的，要接收数字化电视节目，就需要加一个把数码信号转化为模拟信号的装置，一般称为机顶盒，香港地区称为“聪明盒”。实现数字化播出以后，电视频道的数量可以成倍地增加，而且能得到DVD般清晰的电视图像，达到电影院般的音响效果，电视节目可以更加多样化、专业化、个性化。

对传播者而言，数字化电视可增加频道资源；可实现点对点的服务；使传播的针对性更强，效果更好；可充分利用库存节目；可收到更多、更及时的反馈信息（受众选择时的点击就是十分重要的反馈信息）；还可开展多种其他服务。对受众而言，数字化电视可获得更清晰的画面；可大大增加选择余地——不仅频道增多，还可随时选看库存节目；可任意选取自己想看的节目，甚至片段；可方便、及时地传出信息，表达自己的需求、意见等。

数字化电视与互联网相结合，就成为网络电视。网络电视可让受众更自由地点播节目，选择各种服务，收看时还可以通过网络获得文字说明、发出反馈信息等，因而也被称为交互电视、互动电视。内容除了新闻，还有“互动影院”“互动音乐”“家居购物”“家居银行”，以及教育、游戏等。电视机将成为一个集公共传播、信息服务、文化娱乐、交流互动于一体的多媒体信息终端。

三、融媒时代的电子媒介

广播电视的缺点主要是线性传播，播出内容瞬间即逝，很难回放和保存。借助互联网，广播电视完全可以克服自身的弊端，为受众提供多样化的选择。广播电视媒体利用互联网改造自身新闻业务，使传播形式多样化，提升新闻传播影响力，其路径与报纸媒体是类似的。

（一）实现节目的在线收听（看）和按需点播

利用网络音视频技术在网络平台上实现节目的在线收听（看），满足受众在不同场合的视听需求。网站可通过建立节目库的方式，将节目内容按时间、栏目、主题等分类上传至网站，方便受众检索、按需点播。

（二）利用网络进行话题征集和讨论

中央人民广播电台的《神州夜航》栏目经常在中国广播网的论坛中向听众预报近期将在节目中探讨的话题，邀请听众加入论坛对该话题发表看法。到节目正式播出的时候，听众的观点便会出现在节目当中。

（三）强化文字的传播作用

在广播电视媒体中，人们主要通过声音、画面、解说来获取信息，文字的传播力是较弱的。利用互联网，广播电视媒体可以将节目文稿上传至页面，供有需要的受众参考。有的广电媒体网站还推出了电子杂志，体现了全媒体的理念，如中国广播网的《行色》、湖南卫视的《HTV 志》等。

第三节　新媒介与新闻传播

一、互联网与新闻传播

（一）互联网的发展

网络的发展和普及给我们的生活带来了巨大的变化。然而美国著名未来学家约翰·奈斯比特在他的著作《高科技·高思维》中更大胆地为我们描述了未来的生活：早上闹钟把你叫醒，彬彬有礼地问你要不要一杯新鲜的热咖啡，得到我们的命令后，它会自动地命令咖啡壶开始煮；当你在办公室的时候，你可以给智能冰箱发邮件，问它今天晚上做蔬菜千层面还缺什么材料，傍晚 6 点，蔬菜公司会将货送到你的家门口。就像网络诞生之初，再有丰富想象力的人也没有想到，有一天它会成为具有强大功能的新媒体。今天我们的想象力还难以预测网络未来将会怎样改变我们的生活，网络的每一次进步、每一次发展似乎都超出了人们对它的想象和预测。

互联网是一种把众多计算机网络联系在一起的国际性网络，它是计算机技术、信息技术与通信技术融合的产物。互联网是当代世界上规模最大的超远距离信息传送网络，被人们视为自报刊发明以来的一项无与伦比的创举，是信息生产、传播及交换领域的一场革命。

互联网的英文是 Internet，在中国一般译为“互联网”或“因特网”。所谓的网络媒介，就是借助国际互联网这个信息传播平台，以电脑、电视机以及移动电话等为终端，以文字、声音、图像等形式来传播新闻信息的一种数字化、多媒体的传播媒介。

1969 年，美国国防部国防高级研究计划署资助建立了一个名为 ARPANET（即“阿帕网”）的网络。这个阿帕网就是互联网最早的雏形。互联网的成熟是 TCP/IP 协议的开发和使用的结果。TCP/IP 是一种通信协议，TCP 及 IP 的中文意义分别是传输控制协议和网际协议。这两个协议定义了一种在电脑网络间传送报文（文件或命令）的方法。1972 年，全世界电脑业和通信业的专家、学者在美国华盛顿举行了第一届国际计算机通信会议，就在不同的计算机网络之间进行通信达成协议。同年 9 月，在英国伯明翰召开的会议上提出了 Internet 的基本概念。

1986 年，美国国家科学基金会建立了自己的基于 TCP/IP 协议的计算机网络——NSFNET。NSFNET 对互联网的最大贡献是使互联网向全社会开放。1990 年，随着 ARPANET 停止运营，NSFNET 彻底取代了 ARPANET 而成为互联网的主干网。

1986 年，北京市计算机应用技术研究所实施的国际联网项目——中国学术网（Chinese Academic Network，CANET）启动，其合作伙伴是德国的卡尔斯鲁厄理工学院。1987 年 9 月，CANET 在北京市计算机应用技术研究所内正式建成中国第一个国际互联网电子邮件节点，并于 9 月 14 日发出了中国第一封电子邮件：“Across the Great Wall we can reach every corner in the world（越过长城，走向世界）”，揭开了中国人使用互联网的序幕。

（二）互联网的新闻传播特点

1. 快捷性

互联网是一个全天候的媒介，不像报纸有发行周期、广播电视有节目时段的要求，只要有突发事件，互联网可以随时通过小弹窗、头条更新等方式第一时间进行关注。

在传统媒体中，报纸的出版周期常以天甚至周计算，电视、广播的周期以天或小时计算，而网络新闻的更新周期却是以分钟甚至秒来计算的。尤其是在对突发事件的报道中，网络新闻的时效性更为突出。在传统媒体中，广播通过无线电波，电视通过通信卫星，也常常能够做到快速报道新闻事件，缩短报道事件时间与事件发生时间的差距，甚至进行同步直播。但是其传播过程中往往要面对非传播主体所能控制的技术性障碍，譬如信号中断、电波干扰等。而网络新闻的传播在互联网络的构架内，对各种外在影响和障碍的超越与克服能力大大加强。

网络容量之大，任何其他媒介都无法企及。互联网最突出的特征就是信息储存与转运的能力超过了所有传统媒体。基于互联网超链接的方式，网络新闻具有无限扩展和丰富的可能性。在 1998 年的克林顿绯闻案这一新闻事件中，《斯塔尔报告》厚达 445 页，牵涉内容广泛而复杂，传统的印刷媒体很难承载如此浩繁的内容。而互联网首先全文刊载有关克林顿丑闻的《斯塔尔报告》，这充分体现了网络新闻承载超量信息的优越性。在越来越多的媒体创办网站发布新闻信息的同时，一部分个体和社会组织也越来越多地上网发布新闻信息，这不仅使新闻信息的总量急剧增加，而且由于不同的新闻传播主体的传播目的和传播内容不同，势必对固有的新闻机构的传播起到补充和丰富的作用。

2. 全球性

通过网络，我们可以浏览、搜索、分享各种信息，其中很大一部分信息实现了跨国交流：我们能够在视频网站上看到美国的电视剧，能在购物网站上购买欧洲的商品，能在专业论坛上与各国专家共同讨论国际上最新的研究成果。这都是网络全球化带来的便利。不过，需要注意的是，正是因为互联网具有全球性的属性，我们在互联网上进行信息交互时要注意尊重他国的文化，构建和平的网络环境。

3. 立体性

这种立体性首先体现为，网络新闻集报纸、广播、电视三者之长于一体，是兼具数据、文本、图形、图像、声音的超文本、多媒体结构，实现了文字、图片、声音、图像等报道手段的有机结合，因而是立体的、网状的、多维的，有声有色、图文并茂、亦动亦静。报道同一新闻事件，报纸用文字和图片，广播用声音，电视主要是用图像，而网络新闻则三者皆用，它融合了纸质新闻、广播和电视新闻的报道手段，使受众在网上同时拥有读报纸、听广播、看电视的诸多乐趣。同时，立体性还体现在传播内容上。网络新闻传播围绕一件事情往往形成核心新闻信息，同时通过链接的方式提供相关报道和背景资料。这样新闻接收者可以了解到一个事件的不同侧面和深层背景。

4. 选择性

与传统媒体比起来，网络新闻对接收者来说具有更强的选择性。其一，网络新闻的编辑与传统媒体的新闻编辑的不同在于，不是将新闻信息“推”给受众，而是由受众“拉”出想要的新闻信息。新闻传播的接收者可以根据自己的喜好，通过网络搜寻自己喜欢的新闻信息源、新闻信息内容、新闻信息表现形式。新闻网站总是将海量信息分门别类地加以整合，并且提供定制“个性化新闻”的服务，网站可根据用户的需求向其发送经过选择的个性化新闻。其二，网络上的新闻传播还具有过刊查询和资料检索功能，突破了查询新闻内容在时间上的限制，受众在网上可以随时按日期查看一家网络媒体的旧闻，也可以很方便地输入关键词进行资料检索。其三，网络上的新闻传播既可以在短时间内实现新闻信息的广泛传播，又便于受众下载新闻信息，存储、加工、利用新闻信息，以进行深入的研究和探索。

5. 交互性

传统媒体的传播方式基本上是单向的，即使和受众之间存在沟通，也难以实现即时性和双向性。网络则具有很强的交互性，电子邮件、论坛和博客都能很便捷地反映受众的意见，并实现与传播者的沟通。如今，即时性的交互软件在更大范围内得到了使用，从微博到微信，这一秒你是传播者，下一秒你就可能去接受他人的信息，成为受众。传播的频率加快，你来我往使得大众传媒的单向性彻底瓦解。

传统媒体的新闻由受到专门训练的记者、编辑或制作人单方面决定值得报道的内容，接收者只能被动地等待收视阅听于固定时间里送达或播出的新闻；如果有意见，也只能事后表达。而网络新闻则可以实现传播者和接收者之间的双向互动传播，例如，现在很多新闻网站均在每则新闻之后设置了“发表评论”的链接，给公众提供一个批评和评论的场所。这不仅使得传播者能够及时了解受众的反馈，而且使受众能够直接参与新闻报道；不仅做到了媒体与受众之间的沟通，还实现了受众对受众的传播，传受双方的积极性、主动性因此而得到有效的调动。

6. 多样性

纸质媒介是视觉媒介，电子媒介实现了声音和图像的融合，而到了网络媒介，信息表现形式变得更加丰富多彩，一打开网页，一条新闻可以有文字描述，可以有图片记录、现场视频、解说声音，甚至可以配合动画等多媒体手段进行展现，传播效果比以往的任何一种媒介都要好。

比如，博客可以说是最个人化的内容表达方式，博客被微博快速替代的事实证明内容长短对传者和读者都有影响，在网络世界更是如此。博客似乎首次在网络的内部社会建立了一个独特的内容通道，在一定程度上它和网络实现了某种分离，它影响的好像是一批分离开的独立阅读群体。每一种媒介都会有它独特的内容呈现模式，微博也不例外。微博好像更适合做内容的发动机。而到内容传播的第二阶段时，传统媒体的内容呈现方式就逐渐显露出更大优势了。

7. 普遍性

网络是没有门槛的，每个人都有发布信息的权利和能力。在互联网的世界里，即时报道的记者身份被虚化，信息不受人为的限制，并能通过滚雪球的方式形成巨大的影响力。这种现象宣告着自媒体时代的到来。

微信和微博最大的区别在于“精准”两个字。微博是当微博主发出一条信息后，粉丝就可以通过自己的主页看到博主发出的内容，但是现在一般人都关注了大量的博主，在海量信息之中，对于某一条内容的接收是随机的；而微信则不同，微信公众平台账号发出一条群发消息，所有关注的人都会收到这条消息，点对点的性质更强。

此外，在微信上，用户需要互加好友，以对等关系进行对话；而微博普通用户之间并不需要互加好友，双方的关系并非对等的，而是多向度错落、一对多进行。微信是私密空间内的闭环交流，微博是开放的扩散传播。一个向内，一个向外；一个私密，一个公开；一个注重交流，一个注重传播。

8. 海量信息

在如今这个信息爆炸的时代，互联网带给我们的是海量的信息，海量的内涵不仅包括数量方面，更多的是无边界化。在互联网上，几乎能找到我们想要知道的任何信息。同时，运用数字化处理手段，互联网上的任何一条信息从技术角度上来说都可以永远存在。就好像这片大海只有河流汇入，而没有海水流出，长此以往，信息的容量甚至难以用“爆炸”来形容。此外，类似于“百度知道”“维基百科”的科普性网站可以进行交互式的问答。也就是说，在互联网上，每个网民的智慧是可以被交叉利用的，这又给了海量的互联网信息以新的增长点。互联网的特性还使其具有资料库的功能。

9. 可搜索性

网络信息数字化的特点，使得对网络新闻进行快捷检索成为可能。目前功能强大的互联网搜索引擎可以在甚至不到 1 秒钟的时间里，按照网民给出的搜索关键词找到对应信息。一些大型的互联网站点、图书馆、数据库也都为用户准备了内部搜索引擎，最大限度地节约用户在搜索信息上花费的时间。而在电脑和互联网出现之前，无论寻找报纸、杂志还是广播、电视的资料，用户都不得不硬着头皮在庞大而阴森的馆藏室里用眼睛做着最原始的检索工作，而这是一个漫长而疲惫的过程。互联网数字化检索的方便快捷迫使平面媒体不得不向它靠拢，比如《人民日报》经过多年建设，推出了“《人民日报》图文数据库”，其中包含了《人民日报》自 1946 年创刊以来的所有图文信息。可以想象，用“《人民日报》图文数据库”来辅助一项“《人民日报》头版头条新闻研究”的工作，比起亲自去报刊室翻阅几吨重的报纸来，要方便得多。

10. 公平性

网络新闻是借助互联网传播的，互联网上信息传输的速度和成本与所在的物理位置几乎毫无关联，比如，用电脑访问美国《纽约日报》网站和美国某乡镇小报网站的速度几乎是没有区别的，这特别有助于实力弱小的新闻传播媒介摆脱在现实条件下资金、人事不足的困扰，实现与媒体大鳄们的公平竞争。在现实情况下，上述乡镇小报想在纽约做宣传广告招揽读者以便和《纽约日报》一较高下简直毫无胜算，就算强行实行，也难以为继。但是在互联网上建立和纽约读者的亲密联系只需要建立一个网站而已。如果放眼全球，网络新闻传播的公平性特点还特别有助于第三世界国家打破西方资本主义国家通过对传统媒介的垄断而实现的对信息资源的控制，从而为推动建立国际新闻传播新秩序提供保障。

网络新闻的上述特点使其以无可比拟的优势成为新闻传播活动的新领域。在充分认识网络新闻的优势的同时，对网络新闻传播的弱点和缺陷不能视而不见。如网络新闻的可信度和有效度问题。网络的开放性和自由度在带来信息民主的局面的同时，也为恶意传播虚假新闻信息打开了方便之门，以致互联网上的新闻信息可信度大打折扣。与此相联系的是，大量“信息垃圾”的存在淹没了真正有用的信息，使人们在网上搜寻有用信息的效率降低。再如，在传播内容上，网络媒体之间、网络媒体与传统媒体之间的相互抄袭、复制现象严重，造成同质信息过多，同时也造成了对原创新闻信息的知识产权和劳动价值的漠视与侵害。又如，在信息管理上由于管理的成本过高，技术难度过大，网络新闻的有序局面尚未建立。还有网络传播技术和基础设施方面诸如“带宽瓶颈”之类的问题，等等。这些弱点和缺陷制约着网络新闻传播更好地发挥其作用。

二、手机与新闻传播

（一）手机的发展

互联网技术革新的同时，现代通信技术尤其是移动通信技术也得到了飞速的发展。手机日益普及，功能越来越全面，越来越强大，智能化是现代手机演进的方向。手机已经从一个单纯的通信工具变成了集便携通话、娱乐功能、传播媒介为一体的新型信息化终端，并在与互联网结合的过程中表现出了前所未有的优势。有学者认为，手机可以被看作继报刊、广播、电视、互联网之后的第五媒介。

随着信息化、网络化技术的不断发展，继报纸、广播、电视、互联网之后，一种新型的媒介形式——手机媒介出现了，这是一种以手机为视听终端、以手机上网为平台的个性化信息传播载体，它以分众为传播目标，以定向为传播效果，也可称为移动网络媒介。

手机又称“移动电话”，是通过无线信号接收和发射来实现通话的一种通信工具。手机的发明改变了人们对固定电话的依赖，极大地方便了人际交流。随着数字技术的发展，手机这个最初用于移动通话的通信工具，具有了一些特殊的功能。人们在手机上可以玩游戏、听音乐、看电影。同时，手机的信息载体功能日益增强，当手机开始提供收发短信、彩信，WAP 上网功能之后，特别是手机开始接收、储存和转发专业组织发送的新闻时，手机便毫无疑问具有了大众传播媒介的特征。《中国移动互联网发展报告 (2021)》显示，截至 2020 年底，我国已建成全球最大的 5G 网络，建成 5G 基站 71.8 万个。在移动互联网用户和流量消费方面，2020 年我国 4G 用户总数达到 12.89 亿户，占移动电话用户数的 80.8%，同时 5G 终端连接数突破 2 亿户。截至 2020 年 12 月，中国手机网民规模已达 9.86 亿。

（二）手机的新闻传播特点

1. 时效性强

手机的传播非常迅速，受众接受新闻不再受到时间与空间的束缚。2003 年 2 月 1 日 22 时 32 分，美国哥伦比亚号航天飞机失事 16 分钟后，新浪网就把这则新闻以手机短信的方式发送给订阅手机新闻的用户，开创了国内手机传播新闻的先河。到了当天的 23 时 50 分，央视一套才在节目中插播了哥伦比亚号失事的新闻，比短信晚了一个多小时，而纸质媒体更是到了第二天才刊登出此则新闻。现在，不仅是手机短信，很多大众传播媒介还借助于 APP 软件来发布即时信息，比较常用的是微博和微信的订阅推送，这是在发行周期之外进行补充传播的手段之一。

2. 便携灵活

手机与电脑相比，优点是便携小巧，与受众的关联度高，无论是在公共交通工具上，还是在排队等候的时候，手机几乎成了人们利用率最高的现代化通信工具。有一句笑话说，“真正的朋友，就是一起吃饭的时候不看手机”，可见，手机在人们的生活中扮演着多么重要的角色。在这种情况下，以手机为媒介进行信息传播，到达率是非常高的，传播效果也是非常好的。

3. 个性化传播

手机媒介具有极强的个人属性，因为这是我们日常生活中使用率极高的现代化通信工具，难免会带有个人色彩。从信息传播的角度，主要表现为选择性关注和选择性订阅。对体育感兴趣的人，可以通过手机客户端关注体育媒体，或者订阅体育新闻；对经济感兴趣的人，亦可以专门订阅经济类的内容。在手机时代，每个人接收的信息都是不同的，细分化的市场为媒介提供了更大的发展空间。

4. 互动传播

通过手机进行的传播，往往包含了大众传播、群体传播与人际传播。在大众传播阶段，通过手机，传者和受众之间可以实现良好的互动，如在媒体官方微博上留言；在群体传播阶段，网络或手机联系起来的群体本身就需要依靠互动维系，如群发短信讨论事情或者利用手机客户端在 QQ 群、微信群中进行信息的互动；在人际传播阶段，手机的互动性更加明显，无论是通话还是发送短信，其实质都是人与人之间的互动沟通。而这三种传播方式的结合，更能提升信息源的影响力。

三、新媒介发展对新闻传播的影响

（一）云计算技术催生云传播与云媒体

云计算是一种基于互联网的超级计算模式。本地计算机只需要通过互联网发送一个需求信息，远端就会有成千上万的计算机为你提供需要的资源并将结果返回到本地计算机，这样，本地计算机几乎不需要做什么，所有的处理都由云计算提供商所提供的计算机群来完成。云计算的服务形式多种多样，目前已有一些应用到日常网络活动中，比如QQ空间提供的在线制作Flash图片，360的在线收藏夹，百度的在线音乐盒，网易的网络硬盘，苹果的App store，等等。2011年，已有多个行业利用云计算形成了各种各样的云，从而成为云行业，如教育云、金融业云、医疗云、物流云、交通云等。那么新闻传播遇到云计算会发生什么呢?

首先带来的是云传播的概念。传统媒体和传统互联网有点对点、面对面、点对面和面对点等多种传播方式,云传播的重要特点是简化了传播模式,只存在“云”到“端”，即C2C（Cloudto Client）。在“云”的层面，可以建设信息云、新闻云、视频云等庞大的数据库，同时保证各类云的通用与安全；在“端”的层面可以让用户享受定制化服务，为用户提供个性化内容，在用户间搭建操作编辑的分享通道。其次是云监测。互联网多点并发、频繁交互的传播特性使得网上内容在几乎完全失控的状态下被变异和再传播。要想全面、快速地掌握网上传播态势，就可以借助云计算对原始内容的浏览量以及散布于论坛、微博、SNS社区的所有再传播内容的浏览量进行实时监测，深度挖掘传播内容的内容变异和传播参与者的特性，并锁定特定媒体或特定传播人，即时监测。再次是云编辑。云计算与云存储使得信息的获得成本可以忽略不计，媒体之间获取信息的时间差也缩小至最低。信息已不是媒体竞争的主要目标，对于信息的独到解说、重新整合、编辑成为媒体胜出的关键。内容生产流程随之发生重大变化，“人人皆为传者”＋“云计算”将革新媒体从业者的分工及其在组织内部的权重。最后是云媒体。传统媒体的转型受制于既有的发布流程、业务归口、频率分割等诸多限制而步履艰难。进入云计算时代，媒体不用再重复购置服务器、终端设备等，复杂的内容分发与多媒体呈现，复杂的用户订制与广告细分等都将在“云端”处理，云媒体将在“云计算”这一全新平台上得以轻松实现。

（二）新媒体内容呈现视频化趋势

如果说中国互联网的第一个十年是以图文形式发布网络内容，那么下一个十年将是网络视频的时代。网络视频的发展一方面取决于互联网基础设施的投入和高速带宽的铺设，另一方面取决于用户浏览习惯的自然转变。相比较图文网络静态的呈现方式，网络视频以其全感官触动、可控性播放和多样化内容更容易赢得用户的青睐。来自国内外的数据都显示出新媒体的内容呈现方式正由图文向视频转变，网络视频将是用户获取新闻、信息、娱乐的重要渠道。在美国，2011 年 10 月整体的视频浏览量达 426 亿次，用户平均每人在线浏览视频时间超过 21.1 小时，有 86.2% 的互联网用户至少观看了一次在线视频。在中国，2011 年网络视频用户达到 3.25 亿，用户规模较上一年增加 14.6%，使用率升至 63.4%。每天上网时长超过 5 小时的用户占比较高，达到 39.3%。除新媒体内容整体呈现视频化趋势外，用户在消费视频内容方面也在发生变化。网站的视频节目构成一般包括四个方面：影视长剧、播客分享、传统电视和自制节目。过去，用户以观看前三者为主，特别是影视长剧，各大网站不惜血本购买版权同步或提前播出，以吸引用户。但随着版权购买成本的增大和用户需求的多元化，视频网站开始打造自制剧、纪录片和教育科学类等时长在 20 分钟内的视频。这类微视频将成为新媒体内容新的发展方向。

（三）新媒体传播渠道趋向社会化网络

如果将 1997 年上线的 Six Degree 视作社会化网络的先驱，那么社会化网络及社交网站发展至今已有十四年的历史。在这十四年中，社会化网络与社交网站风云变幻，从开心网、人人网到 QQ 空间、新浪微博，各种 web2.0、web3.0 网站不断涌现，不仅吸引了大量网民的眼球，而且成为网民获取新闻、信息的新渠道。《2011 年全球社交媒体报告》显示，目前全球有超过 10 亿人在使用社会化网络，大约占网民人数的 70%，超过 6 亿用户每天使用社会化网络。

一般的社会化网络具备三层构造：第一层为个人信息展示，第二层为共享与分享，第三层为基于社交空间的群体协作，即在社会化网络里共同完成某一任务。建构社会化网络的三个层次使得互联网越来越趋于个性化、人性化、智能化，会让网络时代进入一个“机器也会思考”的时代，网络会对用户提出的问题做出具体的、精准的解答。比如你想带孩子去游乐场玩，然后在附近吃个晚餐，互联网会根据你的个人资料、与好友交流的信息、所处位置、平时浏览网页所显示的个人爱好等因素加以综合判断，然后给出符合你要求的游乐场、餐馆，而不需要你在海量信息中再做检索和查询。这也就意味着，社会化网络将来能帮助用户屏蔽掉 9% 的不需要的或垃圾的信息而展示剩下的、精准的 1% 的信息。

（四）新媒体进入整合式传播

新媒体造就了新闻产、供、销多元化的生态环境，也将用户带入一个在过剩与稀缺间焦灼的社会环境。然而，新媒体的力量就在于既因为新技术产生了一种情状，又能用更新的技术来解决这样一种问题。面对当下的互联网生态，SoLoMo 模式就是一种有效的路径，也是新媒体进入整合式传播的必然选择。So、Lo、Mo 分别是 Socia（社交的）、Local（本地的）、Mobile（移动的）的缩写，SoLoMo 是社交、本地和移动三概念的结合，目前应用于网络营销和商业模式的变革。其实 SoLoMo 模式同样适用于新闻传播及科学传播，能够形成一种基于内容本地化、方式社交化、获取移动化的整合式传播。移动状态下利用碎片化时间上网浏览、交流或享受网络服务将成为新媒体未来的发展趋势。而为了节约自己的时间成本，提高网络使用效率，每一个用户将会更依赖与自己兴趣、爱好相近的社交圈，更关注与自身相关、与生活贴近的本地群落，而新媒体传播也自然转向依据用户的真实社交关系和地理位置推送更为精准的、有价值的新闻内容。

在媒介研究大师麦克卢汉笔下，“媒介是人体的延伸”，媒介可以是万物，万物皆媒介，所有媒介均可以同人体器官发生某种联系。在融媒体时代，媒介定义的外延必然会更为宽泛，“媒介就是渠道”，所有能将传受双方互联互通，并承载信息、意义与文化的介质都可以被看作媒介。

融媒时代的创新，首先是理念上的创新，比如对于“媒介”的理解，随着不断的新生事物的加入，其外延将更加宽泛。

第六章　融媒时代的新闻传播业务

随着信息技术的进步，新闻传播形式发生了非常大的改变，媒介融合成为一种新的发展方向。通过对媒介融合趋势下的新闻传播业务进行深入了解，可以更好地促进媒介融合趋势下新闻传播的发展。本章分为新闻采访、新闻编辑、新闻写作、新闻评论四部分，主要内容包括：新闻采访的概念、新闻采访的特点、新闻采访的原则、新闻编辑的概念、新闻编辑的任务、新闻编辑的流程、新闻写作的概念、新闻写作的原则等方面。

第一节　新闻采访

一、新闻采访的概念

"新闻采访"的含义可以从狭义和广义两方面理解。狭义的新闻采访主要是指面对面的问答式访问。它广泛运用于广播、电视、报纸等新闻采制过程中，而且在网络媒体的报道中也得到了越来越多的运用。广义的新闻采访，是人对客观事物进行认识的一种活动，是新闻工作者对客观事物进行的全面、详细的调查和了解，也就是我们所说的调查研究。进行采访的目的主要是发现、了解事实和选择新闻素材，并挖掘新闻价值。记者通过采访可以发现和落实新闻线索，获取最新的材料，与此同时，记者也可以借助感性认识，获得比较深刻的现场感受，通过动人的情节和细节引起受众的关注。

新闻采访是全部新闻工作顺利开展的前提，是每个新闻工作者必须掌握的基本功。采访的过程是对原始、散乱的事实进行搜集、整理、分析、综合的过程，采访为新闻记者写好新闻报道奠定了扎实的基础。

二、新闻采访的特点

新闻采访主要存在以下一些特点。

①新闻性。新闻是新近发生的重要事实的报道。记者在采访时，一般都会着眼于“新”，抓住那些具有新闻价值的新信息、新事实。

②时效性。新闻采访要求快，讲究效率，这是由新闻的时效性决定的。尤其是有重大新闻发生后，记者要迅速赶到现场，迅速采写，迅速报道。

③广泛性。其他行业的调查研究往往限于本行业的事情，新闻采访则不受某一行业的限制。只要是人类存在着、发生着的事情，都可能成为记者采访的对象。

④政策性。新闻报道以宣传党的路线、方针、政策为基本任务。因此，记者往往具有较强的政策观念，在新闻采访过程中，会时刻装着政策。

⑤全局性。新闻传播要面向公众，面向社会，因此记者在采访时要有全局观点，要从全局出发，去发现那些在全局上有意义的事物。是非曲直、利弊得失，都要放到全局上去权衡，从而做出正确的抉择。

⑥公开性。新闻采访的成果，除一小部分以“内参”形式供有关领导参阅外，多数要写成报道，公开传播。所以，记者在采访时就要考虑内外界限，考虑公开传播的一些特殊要求。

⑦连续性。这里的连续并非一般意义上的天天调查，而是指对某一具体事物的发生、发展过程进行连续不断的调查。一些重大事件的报道和典型报道就尤其需要这种连续性。

三、新闻采访的原则

（一）导向正确的原则

新闻传播具有强烈的导向作用。我们党的新闻事业一贯强调要坚持正确的舆论导向。2016 年 2 月 19 日，中共中央总书记、国家主席、中央军委主席习近平在北京主持召开党的新闻舆论工作座谈会并发表重要讲话。他强调，党的新闻舆论工作是党的一项重要工作，是治国理政、定国安邦的大事，要适应国内外形势发展，从党的工作全局出发把握定位，坚持党的领导，坚持正确的政治方向，坚持以人民为中心的工作导向，尊重新闻传播规律，创新方法手段，切实提高党的新闻舆论传播力、引导力、影响力、公信力。

习近平强调“各级党报党刊、电台电视台要讲导向，都市类报刊、新媒体也要讲导向；新闻报道要讲导向，副刊、专题节目、广告宣传也要讲导向；时政新闻要讲导向，娱乐类、社会类新闻也要讲导向；国内新闻报道要讲导向，国际新闻报道也要讲导向。”

新闻采访是新闻传播的基础，记者在新闻采访中坚持正确的舆论导向，要坚持新闻宣传工作的党性原则，始终与党中央保持高度一致，做到坚持正确的舆论导向不动摇，以正面宣传为主的思想不放松，坚持唱响主旋律，打好主动仗，在政治原则上我们要立场坚定，旗帜鲜明，唱响时代主旋律，把坚持正确的舆论导向落实到新闻宣传工作的每个环节。

在具体工作中，要注重新闻的真实性，注重加大正面宣传力度，维护党和政府的良好形象，形成良好舆论环境和舆论氛围。要更加自觉地为人民服务，为社会主义服务，为党和国家工作大局服务，努力为党和人民的伟大事业做出贡献，真正成为让党放心、让人民满意的党的新闻宣传队伍。

（二）实事求是的原则

新闻采访活动中坚持实事求是的原则，其基本要求就是尊重客观事实，一切从实际出发，如实反映客观事物的本来面目，揭示其本质特性，杜绝主观臆断、虚构夸大、添枝加叶等不良问题出现。

坚持实事求是的原则是新闻报道的基本要求，是保证新闻报道真实的前提条件。真实是新闻的生命，新闻报道只有坚持一切从实际出发，实事求是，才可能赢得公众的信任，才能塑造媒体公信力，为积极发挥舆论引导的作用打好基础。

（三）精准到位的原则

新闻报道具有强烈的舆论导向作用，因此必须坚持采访、写作、编辑等各个环节都要精准到位，容不得粗制滥造，马虎从事。要做到这一点，就必须深入实际，深入人民群众的生活当中去，贴近群众、贴近实际、贴近生活，只有这样，才能获取新闻作品的真材实料；另外要用唯物辩证法的观点观察、分析事物，防止机械唯物论和主观片面性。

在采写中要多观察、多思考，多一点辩证法，少一点片面性；防止“非白即黑”“非此即彼”思维方式的出现，以免造成新闻报道的片面与失真。精益求精做新闻是新闻采写及编辑中必须坚持的一个重要原则。

（四）法律底线的原则

新闻记者在采访过程中不能触碰法律底线，这是最为基本的要求。贯彻法律底线原则，新闻工作者应当尤其注重以下两个方面。

第一，新闻记者在采访过程中，不可侵犯采访对象的各种权利（如隐私权、名誉权等）。侵权行为会受到法律的制裁，因而新闻记者必须熟知并严格遵守相关的法律法规。

第二，新闻记者不能利用新闻采访谋取非法利益，不能私自制造虚假新闻等，严重者必然受到法律的制裁。

四、新闻采访的要素

新闻采访的要素主要包括采访目的、采访主体和采访对象三个方面。

（一）采访目的

通常来说，新闻采访主要是为了报道，即向大众传播一定的新闻事实。1958年7月，周恩来在广东视察的时候，有一次对记者说："你们记者，要像蜜蜂，到处采访，交流经验，充当媒介，就像蜜蜂采花酿蜜，传播花粉，到处开花结果，自己还酿出蜜糖来。"周恩来的这番话是对记者的形象比喻，同时也说明了记者采访的目的。记者要把广大受众感兴趣的事实传播给他们，把他们的意见、呼声和要求反映给领导，同时也要把政府的决策、方针等通过新闻报道传达到人民群众中去。总之，新闻采访主要起到一种传达信息、进行沟通的作用。

具体而言，新闻采访的目的是迅速了解到典型的、有新闻价值的客观事实。唯物论的新闻本源观表明，事实是新闻的本源，新闻是对事实的报道。事实是第一性的，新闻是第二性的。因此新闻要以事实为基础，记者采访，最主要的目的就是通过各种手段获取新闻事实。记者通常会把在采访中遇到的"观点""形象"归结到事实中去。记者采访所从事的主要工作就是发现事实、了解事实、选择事实、核对事实、体验事实、追踪事实。

（二）采访主体

新闻采访的主体通常是指专职的新闻记者，在新闻机构中主要负责采写新闻。记者又细分为内勤与外勤。外勤记者主要指专门在外从事采访写作的人员；内勤记者主要是指从事编发新闻的编辑等人员。而通常所说的记者主要是指外勤记者，他们被分为多种类别，从不同的角度有着不同的划分，具体如下。

按照新闻的媒介，可以分为文字记者、摄影记者、广播记者、电视记者、网络记者等。

按照采写的内容，可以分为政治记者、经济记者、文化记者、科教记者、文艺记者、体育记者、军事记者等。

按照采写的地域，可以分为本埠记者、地方记者、驻外记者。

除此之外，还有机动记者与专业记者、特约记者与特派记者等。

在我国，记者曾被称作“访员”“访事”“通信员”等，直到 19 世纪，随着中国近代报刊的诞生，才逐渐形成了“记者”的概念，并逐渐成为一种职业。

（三）采访对象

采访对象主要是记者采访所涉及的人物、群体。广泛来说，记者在采访过程中获取情况和意见的来源，以及那些以不同的方式向记者提供信息的人，都可以被称作采访对象。记者对采访对象进行采访是获取新闻线索、收集信息、核实事实材料的主要方式。记者在采访前，应对采访对象有一定的了解，针对采访的目的，制定一系列的采访方案，以保障顺利获取新闻事实。

采访对象的范围非常广泛，最基本的采访对象是新闻事件的当事人、知情人。除此之外，记者主动采访询问的人以及主动向记者提供事实和信息的人都属于采访对象。

五、新闻采访的方法

新闻采访的方法很多，下面主要对一些常用的方法进行简要阐述。

（一）直面采访

直面采访是指记者直接面对采访对象进行采访，或称面对面采访。这是最早出现的，也是使用得最多的一种方式。直面采访能够观察访问对象的表情、语气和其他细节，并准确地感知访问对象对所提问题的态度。而观察到的一切均可以作为素材写到新闻报道当中，从而增强新闻的厚实感和生动性；在采访过程中，与访问对象的谈话可能会引出新的话题和线索，给记者以“意外收获”；对有些不太明白的或不太清楚的地方，记者可以随时请访问对象重复或予以澄清，确保得到的素材准确、可靠。

直面采访的注意事项有下列几点。

第一，选好环境，避免干扰。采访最好选择一个比较安静的环境：没有公务缠身，没有电话干扰，这样采访对象才能真正进入谈话状态。

可以约在采访对象的书房、客厅，或者约在茶室、咖啡厅等幽静的环境，这样的环境容易诱发情感，也便于梳理纷乱的心绪。

第二，拉近距离，取得信任。抓住共同的喜好，架设“桥梁”是最常用的办法。架设“桥梁”就是要找共同话题。

心理学研究表明，人们喜欢那些和他们相似的人。寻找被采访者的喜好，将此作为切入点，加快向对方接近，这是许多有经验的老记者经常运用的方法。比如，男性多喜欢体育，女性多存爱美之心，老人多关心健康，小孩多热爱玩具等。与不同的采访对象接触，可以从这些相关话题进入。攀老乡是中国人架设“桥梁”的捷径，谈天气是融洽谈话气氛的好方法。了解对方，列一列对方值得骄傲的成绩，也是制胜的一招。

第三，沉着冷静，把握主动权。在采访时，记者要始终把握主动权，要紧紧把握采访意图，主动提问，因势利导，步步深入。遇到突发情况，能沉着应对、机智处理；同时，要恰当地掌握时间。不要被访问对象牵着鼻子走，或者是访问对象提供什么，自己就听什么，记什么。

（二）电话采访

电话采访指记者通过电话与采访对象进行对话，以获取新闻信息的方法。新闻报道非常讲究时效性，争分夺秒常常是新闻竞争的关键。而电话采访最大的优势就是快捷。因此，这种采访方法在新闻采访中也很常见。

电话采访多用于突发事件的现场连线，可以在事件发生的第一时间采访有关人士。它打破了时空限制，有利于提高工作效率、赢得时间，是一种非常有效的采访手段。

（三）书面采访

书面采访是指记者在不能与采访对象面对面交谈的情况下，通过书面提问的形式进行采访，以得到书面答复的一种方法。这种方法具体适用的情况主要有以下几种。

第一，采访对象没有时间接受记者的面对面采访。

第二，采访对象需要提供大量的资料。

第三，采访对象在外地，记者没有办法前往，但又必须进行采访。

书面采访能够给采访对象以充分的考虑时间，采访对象能为记者提供翔实的资料信息；能够突破时空界限，就同一主题在同一时间采访不同地区、不同国家的许多人。有时候，书面采访还是一种很好的补充采访的方式，能够帮助记者向采访对象核实信息。

（四）网络采访

1. 网络采访的形式

随着网络的普及化和平民化，网络采访应用得越来越频繁。网络新闻采访具有采访内容的多样性、采访工具的全数字化、采访范围的全球性、采访速度的快捷性、新闻资源的丰富性、资料利用的方便性、记者选择资料的自主性和思维方式的独特性、记者业务能力及使用能力的同一性等特征。具体形式有以下几种。

（1）电子邮件

电子邮件是超越物质实在性的虚拟快捷的通信方式，是人们日常生活中思想感情交流的一种方式。在采访的新形式中，电子邮件是可以广泛利用的一种。

（2）论坛

各种人都可以通过在大的门户网站设立的论坛上注册发帖，展示自己所知的事实，发帖之后都有跟帖的可参与空间，这为采访提供了良好的机会。不同于一般的倾诉和求助，采访者可以“悬赏”提问，可以抛出问题，吸引论坛访客解答。得到了解答之后，如果要进一步采访，还可以继续询问，把采访引向深入。

（3）聊天工具

聊天工具如 QQ、微信等可以满足即时聊天的需求。聊天工具使交流、采访的难度大大降低，从而使其成为较为理想的采访渠道。

（4）个人网站

在这种私人的空间里，设置个人专项栏目是网站建立者的创意，同时，这也为采访提供了巨大便利。访问者可以与网站主人展开讨论，网站主人可以向其提供新闻线索，也可以接受采访。网站主人能够在这个空间里发布采访记录和作品，由此进一步引出更多线索。著名的揭黑记者石野创办的“石野关注”网站，就是充分利用访客的新闻线索，从中筛选出典型事实完成一次次揭露报道的。

2. 网络调查问卷的设计

开展与新闻报道有关的调查研究已经成为当今记者工作的重要组成部分，它是进行采访的有效形式。因此，在设计调查问卷时应注意以下事项。

（1）问题明确

一份合格的网络调查问卷与传统调查问卷一样，问题设计要明确，避免模棱两可，以便受访者能够真实、准确地回答；问题本身应该与新闻事件相关并且简明扼要，以便受访者能迅速回答并避免误解。

（2）围绕热点

要提高网上抽样调查的可靠性，就要提高网民点击率，只有设置网民关心的内容，点击率才会高。所以，记者要及时了解网民欲知之事和关心之事，围绕网民关心的热点设置问卷。

（3）利用超文本链接

网站访问率的高低，会直接影响问卷的回收率，而依赖单一的网络调查结果，一般会有较大的局限。因此，应充分利用互联网超文本链接的优势，以避免这一局限。

（五）体验式采访

体验式采访是指记者以采访者和当事人的双重身份进入新闻现场，亲身经历新闻事件，体验新闻事实，或是亲自体验采访对象的生活和工作，了解采访对象。与其他采访方法不同的是，体验式采访强调记者身份的双重性，强调采访过程的参与性，强调采访内容的体验性。

在体验式采访中，记者能够真实地记录新闻信息，并获得第一手的资料。体验式采访主要适用于以下情况：第一，反映凡人的情感世界；第二，揭示重大历史事件；第三，反映某些特定的采访对象；第四，探索某些社会问题、社会现象。体验式采访又可以分为显性的体验式采访和隐性的体验式采访两种。

1. 显性的体验式采访

显性的体验式采访是指记者在采访中向采访对象公开自己的身份和表明采访目的的一种采访方法。它适用的范围比较广。不过，采访对象由于知晓记者的身份，或多或少地具有表演的成分，甚至出于某种目的会刻意隐瞒事实，大大降低了采访的真实性。

2. 隐性的体验式采访

隐性的体验式采访是指记者不公开身份、不暴露采访目的，通过模拟某种社会角色获取新闻事实的一种方法，也称“暗访”。隐性采访一般适用于一些特殊情况，如为了掌握真实情况，防止对方弄虚作假；为了采写批评稿，揭露丑行，为了深入犯罪分子中获取真实信息；为了消除对方的紧张心理，得到配合等。这种方法能够让记者获得真实的第一手信息。不过，隐性采访是一种特殊的采访方法，在伦理和法律上有较大的争议，也具有较大的风险性，因而近年来新闻主管部门也加大了对隐性采访的限制。作为记者，如果一定要采用这种方法，那么就必须事前做好周密安排，在进行中要胆大心细，事后要及时总结。

（六）隐性采访

隐性采访也称秘密采访或暗访，指新闻记者由于某种原因而不公开身份的采访。它是与显性采访相对而言的。这种采访的优点是，不会因为记者的采访而改变采访对象活动的原貌。但这种采访只适用于某种特殊场合、特殊题材或特殊的采访对象。运用这种方式，目的在于减少采访障碍和干扰，获取有价值的新闻事实。隐性采访务必十分慎重，一般应控制在法律和新闻道德允许的范围之内，或已经得到有关部门的授权，切勿滥用。

隐性采访得以成立必须具备三个条件：第一，记者隐去了记者身份而出现在新闻事件的现场。这时的“记者隐去了记者的身份”是一种带有主观故意的行为。第二，采访是在被采访者未知的情况下进行的。是否能做到让“被采访者未知”是体现记者业务水平高低的关键所在。第三，采访未事先征得被采访对象的同意。对公共利益和公共道德的尊重是可以对抗隐性采访“非法”及“非道德”的质疑的。

隐性采访的特征包括以下几点。

第一，记者主动出击。隐性采访是记者主动出击进行采访的行为。记者采访时一定始终在新闻发生的现场，否则隐性采访就无法完整地进行。在某些特定情况下，记者有可能在突发新闻的现场进行采访，也有可能直接成为新闻事件的当事人。例如，记者乘坐的汽车发生事故等，但这种不期而遇的目击新闻不能算真正意义上的隐性采访，因为记者是被动地介入了新闻事件。隐性采访进行之前有一系列的准备工作，从采访计划的设定，到采访设备的安排，都应精心计划，可谓有备而来，不容有所闪失。

第二，新闻事实周详。对于准备正面报道的新闻，也可以采取隐性采访的手段，但这种选择并不是唯一的，因为通过公开采访进行正面报道，一般会取得比隐性采访更好的效果。但对社会不良行为的采访正好相反，通过隐性采访抨击社会不良行为，进行舆论监督，效果远比公开采访要好，这已被无数新闻采访的事实所证明。通过隐性采访获得的新闻事实比较周详，舆论监督的力度也比较大。同时，周详的新闻事实也可以比较有效地防止新闻侵权行为的发生。

第三，社会参与程度较高。新闻记者眼观六路，耳听八方，可谓神通广大。但这种神通恰恰是全民参与的结果，社会各阶层成员及时、全面地向新闻记者提供新闻采访线索，从而使记者能更多地了解社会现实。一方面，社会的不良行为是在暗中进行的，记者的能耐再大，其了解这方面的情况也是有限的。因此，隐性采访的线索大多来自社会成员的举报，缺少社会成员的举报，隐性采访将失去最为重要的新闻源。另一方面，隐性采访也是受众欢迎的一种采访方式，通过这种采访手段获取的新闻，受众有较高的接受兴趣。

第二节　新闻编辑

一、新闻编辑的概念

新闻编辑的含义有两种：一是指工作，包括对新闻素材进行搜集、鉴别、选择、分类、整理、排列和组织等；二是指职业身份和岗位，即从事前述工作的人员以及相对应的岗位。

传统媒介环境下，编辑在单一平台上工作，编辑的工作是线性的，以报纸为例，主要包括新闻报道策划、分析选择稿件、修改稿件、制作标题、配备稿件、编排版面、校对、签发。广播电视媒体的编辑流程基本类似。

相比较而言，在媒介融合环境下，编辑的工作不同于传统媒体的编辑，很多具体环节也从本质上与网络编辑不同：一方面趋向分化，需要针对不同的媒介特点和用户需求生产适销对路的产品，即一次采集，多次加工；另一方面趋向整合，即将多种传播渠道和传播方式整合，实现多媒体故事生产。融媒时代的新闻编辑工作逐渐经历了改造与再造的过程，进入全面变革的融合新阶段。融媒体环境下，一个完整的新闻编辑过程大致要经过以下四个环节。

一是通过多种渠道寻找并获取新闻线索；二是对新闻线索进行判断，确定报道的方案；三是继续深入采集，弥补新闻细节，制作新闻成品；四是发布新闻，跟进维护并监控。

综上所述，我们将融媒体新闻编辑定义为，有新闻发布资质的媒体机构充分利用各种传播渠道、方式，对新闻报道的内容、形式、传播策略进行策划、调整，并在报道过程中与用户对话，对传播效果进行监控的活动。同时，从事以上工作的人员以及相对应的岗位，亦可称为“融媒体新闻编辑”。

二、新闻编辑的任务

根据新闻编辑的工作特性，可将新闻编辑的任务分为以下几个。

（一）把关任务

新闻编辑是新闻报道的总把关，因此，其必须承担相应的把关任务。为了消除新闻报道的差错，正确引导舆论，新闻编辑在实施把关任务时，应当注意把握以下几个方面。

第一，编辑在把关过程中，要注意阻挡假的、劣的、错的东西，同时也要注意创造一切条件放行真的、好的、正确的东西。

第二，根据新闻编辑方针、报道计划和客观环境，通过认真取舍稿件或节目来把握新闻报道的方向。编辑切忌在审读（视听）和选择稿件或节目时，从个人好恶出发，滥用稿件取舍权，选出不能正确引导舆论的稿件。

第三，编辑在把关过程中，要非常慎重。因为编辑把关是在时间紧迫的情况下进行的，尤其那些身处于报刊付印、广播电视节目播出、网站页面展示前最后一道关口的编辑和总编辑，他们在审读（视听）和选择稿件或节目的过程中，稍有不慎就有可能酿成大错。这就迫使新闻编辑在把关时必须一丝不苟，谨言慎行。

（二）策划任务

新闻编辑负有决策的重任。这里的策划，是指编辑对新闻工作中有关全局性的问题进行的判断和行动设计。这一重要任务使他们直接掌握着新闻媒体创办或改进的方向，直接影响新闻媒体产品的质量。一般来说，新闻编辑策划的内容主要包括：参与确定新闻媒体的编辑方针；负责制订新闻报道计划；具体安排和适时调整新闻报道的内容、数量等。

新闻编辑的策划根据层次进行划分，可分为三种。

第一，战略策划，即有关新闻媒体的总体策划。

第二，战术策划，即关于较长时期、一个较大范围的报道的策划。

第三，战役策划，即关于较短时间、一个较小范围的报道的策划。

在这三种策划中，战略策划指导战术策划和战役策划，同时又依靠战术策划和战役策划来实现。三者相辅相成，形成一个统一的策划系统。

（三）加工任务

在传统观念中，有人认为新闻编辑工作就是剪刀加糨糊的技术层面的简单劳动，显然这是一种误解。新闻编辑工作是一项具有一定专业性、创造性的工作。不过，相对于作者的直接创造性劳动而言，新闻编辑工作的创造性具有间接再创造的性质和隐匿性的特征。他们把自己的劳动和智慧融化在作者的创造成果之中，这是一种具有鲜明的服务性特色的创造性精神劳动。以一篇见报的新闻作品为例，编辑为作者从主题、内容到语言文字、篇章结构上所做的各种性质的加工改造，社会公众是很难看到的，真可谓“为他人作嫁衣”。

编辑的再创造或加工，不仅仅体现在对具体作品的润饰加工上，还贯穿整个新闻编辑工作的过程，从约稿、组稿、选稿，一直到制作标题、组织版面或页面、制作节目板块，自始至终都包含了编辑的创造性劳动。总之，加工任务是编辑在处理新闻稿件的过程中，必须要完成的一个非常重要的具体任务。

编辑的加工包含着主动的和被动的两个方面。一方面，编辑加工处理新闻信息时，既不能随意改变作者的本意，又不能随意改变原稿的风格，更不能主观臆造或任意篡改事实，因而编辑工作有它的局限性，是被动的。另一方面，编辑对新闻信息进行加工处理，要提高整个报道的思想性、指导性和艺术性，要最大限度地发挥新闻稿件的新闻价值，这就要充分发挥主动性，因而编辑工作又是能动的。

（四）发言任务

在新闻传播过程中，媒体需要适时发言。所谓发言，即针对现实生活中的各种问题表明自己的态度和立场，做出自己的客观评价和分析，从而引导受众去判断是非，认清方向。这是新闻媒体必须要承担的责任。新闻媒体发言主要是通过新闻编辑来进行的，因此，发言也就成为新闻编辑的一个重要任务。

新闻编辑的发言方式有很多，如直接发言（通过撰写各种评论来发言）、间接发言（以作者名义写的言论、借助各类节目的解说词等来发言）、含蓄发言、显性发言、篇幅长的发言、篇幅短的发言等。新闻编辑应该根据不同的新闻内容、不同的问题、不同的情况，灵活采用不同的发言方式。不管采用哪种方式，都必须以客观事实为依据，实事求是，同时注意说服力和感染力，使受众在乐于接受的同时受到教益。

（五）组织任务

新闻编辑往往把各类分散的、孤立的稿件或报道串联起来，组织成一个有机的统一报道整体，使之发挥最大的效应。可见，新闻编辑也承担着组织任务。从组织的范围来看，新闻编辑的组织任务主要有以下三种基本模式。

1. 微观型组织

它涉及的是一组稿件或报道，即根据稿件或报道间的互相联系，将若干具有共同性的稿件或报道，组成有机的稿群或报道集合。因其涉及的稿件或报道不多，所以属微观型组织活动，就整个媒体来说，它只是局部性组织。一组稿群或报道集合体的组织形式常见的有三种：一是同题集中，即在同一条新闻标题之下，将几篇稿件或报道组织在一起刊发、播出。二是专栏，即将若干篇具有共同性的稿件或报道组织在一起，并在报纸版面、网站页面或广电节目时段让它自成格局。三是配套，即围绕一两篇稿件或报道，配发相关的评论、图片、资料。

2. 中观型组织

它涉及的是报纸的一个版、广电的一个节目板块、网站的一个页面，以及一天的报纸、一个时段的广电节目等。中观型组织就一个更大规模、更长时期报道的组织来说，它只是其中的一个局部或侧面，但相对于单篇或两篇以上的稿件或报道的组织来说，它又是全局。中观型组织模式不同于微观型组织，它不能只是单篇稿件或报道和一组稿件或报道的简单集纳，而要从整体上加以精心编排。它不仅应该是有秩序的，是多类稿件或报道的分门别类，以便受众阅读或视听，而且在内容的配置、版面（页面或节目板块）的安排中，应尽可能体现出报道思想和媒体的风格特点。

3. 宏观型组织

这是一个较大规模、较长时期的报道的组织，即根据党和国家当前的中心任务，以及各媒体所分工的报道范围，对一个时期的报道所做的总体规划。宏观型组织一般要在调查研究的基础上，制定报道提示或报道计划，然后组织力量加以具体实施。这种报道组织常见的形式有：连续报道、集中报道、系列报道等。总编辑和编辑部主任，一般处在组织报道的领导地位，组织宏观报道的任务主要落在他们的身上。这就要求他们在进行报道时，要深谋远虑地做出分析、判断，把握好报道方向。

三、新闻编辑的流程

（一）新闻策划

新闻策划主要指的是新闻的报道策划，是对新闻报道整个流程的一个组织规划，包括报道的方式、手段、视角等，努力做到介入及时、开拓深、立意高，并往往具有“战役性”、系列性和专题性。这种策划贯穿于整个新闻报道的过程之中。新闻编辑的策划工作必须要全面统筹，整体把握整个事件的发展脉络、精心设计每一个报道环节，并在实事求是的基础上调查研究。一般来说，新闻策划主要关注的事件包括以下几方面。

第一，关注带有周期性的选题和对一些重大事件的追踪报道，如“两会”召开、奥运会举办、特大事件纪念活动这类新闻。

第二，关注重大突发事件的后续报道，如矿难、洪水、地震等，这些事件发生后，新闻传播者要弄清楚其发生的原因、经过、结果，并且对如何报道该事件要做出详细的安排。

（二）新闻报道

新闻报道需要新闻编辑与记者进行密切的合作，以此对新闻报道产生全方位的影响。概括来说，新闻报道主要包括以下几方面的内容。

1. 调控报道

在新闻报道的过程中，客观条件总是存在着差异，新闻编辑部应该考虑到这种差异并及时地进行调控，调节事件报道的进程，以取得最好的报道效果。报道调控的主要内容有接受反馈和调整报道两个方面。调整报道的依据就是接受反馈，这些反馈包括从事报道的记者的反馈、报道对象的反馈、有关部门和主管单位的反馈、受众的反馈等。

2. 组织报道

组织报道指在新闻采访报道的过程中，编辑部对报道进行部署、推进、控制以及总结的活动。编辑部对报道的主要内容范围、报道重点、报道过程、发稿计划、版面地位和版面形式、报道人员等方面做出整体的设计，采编人员根据这些安排各就其位、各司其职，完成新闻采、写、编、传的任务。

3. 稿件处理

稿件处理主要包括组稿、选稿、改稿三个方面。

第一，组稿。组稿是指根据相关的选题策划和受众群体组织稿件的过程。稿件的主要来源是各大通讯社的电讯稿、本机构新闻记者采写的新闻稿、通讯员来稿等。一些专业性较强的新闻事件，超出了本报记者的能力范围，通常需要编外的特约记者来写新闻稿件。

第二，选稿。选稿是指新闻编辑根据相应的新闻报道的方针政策，每天从众多的选题中挑选出有意义、有报道价值的新闻稿件。选稿的标准是要依据报道的方针政策、预期的社会效果与影响力、目标受众的需要。这些都与新闻编辑人的职业素养有关。如果选择的新闻稿件没有社会意义，那么公众对新闻媒体就会产生信任危机。

第三，改稿。对于要报道的新闻稿件必须进行更完善的修改，从而保证新闻传播的质量。

4. 新闻标题制作

对稿件处理完之后，接下来比较重要的就是处理新闻标题。新闻标题具有标出事实、进行评价和吸引注意等重要功能，所以新闻编辑一定要重视对新闻标题的编辑制作。

5. 组版

组版是新闻编辑处理新闻稿件的最后一个环节。它是新闻编辑将各类稿件在版面上整体布局的过程。新闻编辑的组版工作包括组编版面内容和设计版面形式。

（1）组编版面内容

组编版面内容主要包括以下几个方面。

第一，在组编版面的过程中，要优先考虑头版和重点内容。头版设计好之后，再将其他各个版面的内容进行精心的设计。

第二，合理地布局稿件的位置，掌握好稿件的信息量。根据版面空间的限制，精心地挑选稿件。安排稿件的位置主要是考虑信息量的大小和它的价值大小，同时还要考虑是否会和其他内容重复。

第三，确定好稿件的位置后，还要对稿件进行分类，使评论、编者按语、相关资料等非新闻稿件各就其位。

（2）设计版面形式

设计版面的程序主要有安排次序、计算篇幅、考虑轮廓、确定版式、审看大样。在版面设计的过程中，编辑会运用到多种手段，如选择字号与字体、变换栏式和题型、运用线条和空白、配置图片和图案等，使得版面形象美观大方、合理得体。

第三节　新闻写作

一、新闻写作的概念

新闻写作是指新闻工作者把采访中搜集到的材料、信息，通过文字写作制成一定体裁的新闻作品的过程。新闻写作是新闻采访工作的深化，是新闻价值的集中体现，直接关系着新闻传播活动的效果。

从宏观上讲，新闻作品主要有两大类：新闻报道与新闻评论。因此，新闻写作也有广义与狭义之分。广义的新闻写作，包括新闻报道与新闻评论的写作。狭义的新闻写作，一般仅指新闻报道方面各种体裁的写作。

新闻报道与新闻评论各有“职司”，承担着不同的任务，因此在写作上有不同的体例和要求。如果做某种类比，新闻报道主要“记事”，犹如中国古代典籍中的“记注类”。新闻评论主要“记言”，犹如典籍中的“撰述类”。但无论是“记事”还是“记言”，它们都要遵循新闻传播的规律，因此同属于新闻作品这个大家族。

二、新闻写作的原则

新闻在写作的过程中需要遵循一定的原则，概括来说，这些原则主要包括以下几方面。

（一）用事实说话原则

新闻只有做到客观、公正，才能使公众比较信服地接受所传达的信息。

在写作上，要想体现客观公正，就要学会用事实说话。用事实说话是新闻写作最基本的规则、最起码的要求。因为只有用事实说话才能体现客观性。

世界新闻发展史表明：新闻是事实的报道，新闻的本源是事实，事实是新闻的基础。毫无疑问，新闻的力量在于用事实说话。

新闻写作是为了更好地传达内容、陈述事实。离开了事实，新闻就成了无源之水、无本之木。故此，中外新闻界历来都对在新闻中讲假话、大话、空话持以批评否定的观点。假报道会对社会产生负面作用，有时危害十分严重，往往成为反面教材。说教式的报道往往使受众产生反感，排斥所报道的内容。修饰华丽的文字往往是苍白无力的，很难打动受众。凡此种种，都违背了新闻写作的用事实说话原则。

我们应吸取经验教训，把用事实说话的写作原则体现到每一次的写作之中。

（二）现场实录原则

记者在对一些新闻事件进行描述时，可以遵循现场实录的原则，以逼真地再现事件的过程，从而增强新闻事件的真实性。使用现场实录手法时，一般多采用第一人称叙述，让新闻事件的经历者讲述自己的亲眼所见和亲身经历，从而给读者提供第一手材料。

（三）适时言论原则

新闻写作虽然讲究用事实说话，但是并不反对议论，有时，适当的议论能够一语中的，具有画龙点睛的作用。需要注意的是，议论要做到精要和简约，一定要在水到渠成之时自然而然地引发出来。

除了以上原则之外，新闻写作还应遵循正反对比以及从小处着眼等原则。有时，记者只需将不同的事实组织在一起，读者自会通过比较得出结论。另外，记者有时从小处着眼，精选新闻事件，往往能够解释重大主题。所以说，正反对比原则及从小处着眼原则也应该是新闻写作应该遵循的原则。

三、新闻写作的结构

结构是文本的框架，是对语言材料的组织和构造。无论是文字文本，还是音像文本都需要一定的结构。概括来说，新闻写作的结构大体上可以分为以下几大类。

（一）编年体式结构

编年体式结构严格按照事件进程的时间顺序，将事件进程中的关键环节记录下来，其优点是清楚显示事件发展的脉络，凸显事实链条中关键的环节，使文本显得真实可靠。对重大事件、突发性事件的报道，采取编年体式结构，可以精确、明快、详尽而又高效地传递信息。在对时间跨度很大、关涉的问题很复杂的事件的报道中，采用编年体方式则需要有高超的剪裁能力，恰当地安排详略，做到既呈现过程的清晰脉络，又凸显重要的事实。编年体报道不仅适用于重大事件、突发事件、跨时长的事件的报道，也可用于小型事件的报道。

需要注意的是，编年体式结构有时候并不独立使用，而是与其他结构方式套用。

（二）穿插式结构

穿插式结构是指在对核心事件进程或核心事物展开的叙述中，插入相关内容，便于受众对核心事件或事物进行感知与理解，从而揭示事件或事物的深层意义，渗透传播者的意图，强化新闻的主题。使用这一结构的关键在于确立主线和选择插入点。

在穿插式结构中，主线的确立有时候依据新闻事件的进程，有时候依据现在的场景，有时候可以根据一个关键线索展开。也就是说，主线的确立方式可以是多种多样的。值得注意的是，主线不仅用于串联和组织材料，使之成为严密的整体，而且用于凸显新闻的主题。

（三）钻石式结构

钻石式结构由于类似于钻石的菱形而得名，开头和结尾往往篇幅短小，中间部分很长，也是主体部分。它来自《华尔街日报》的报道写作模式，即以一个事例、一句引语或一个人的故事开篇，力求做到开头人性化，然后从人物与新闻主题的交叉点切入，过渡到新闻的主题，接下来集中而有层次地展开这个新闻主题，最后重新回到人物，将人物引入新闻，在一个更新的层次上揭示人物与新闻主题的关系。

（四）倒金字塔式结构

倒金字塔式结构是西方新闻写作传统中的主要结构形式，它的特点是把最重要、最精彩的事实放在一开头的导语中，其他事实按重要程度递减的顺序排列。这种结构，既便于记者以最快的速度写出报道，也便于编辑根据版面大小，从稿件尾部向前删减，一直删到稿件长度适合安排版面而不致影响新闻的完整性。

第四节　新闻评论

一、新闻评论的定义与分类

新闻评论是大众传播工具上所发表的针对受众关心的新近发生的事件或社会现象，进行分析与解释或阐明观点与立场的新闻文体。

在明确了新闻评论的定义后，再来看新闻评论的分类。一般而言，可以从传播渠道、评论主体、评论对象三个不同的角度来分类。

按照传播渠道的不同，新闻评论可分为报纸新闻评论、广播新闻评论、电视新闻评论、网络新闻评论。不同的传播渠道，使其呈现出不同的文本和传播特征。其中，报纸新闻评论又可分为社论、评论员文章、短评、编后语、专栏评论、述评、杂文等。

按照评论主体的不同，新闻评论可分为媒体评论、专业人士评论、普通受众评论。所谓媒体评论，是指媒体自身的新闻工作者所撰写的新闻评论，代表媒体自身的立场和观点；所谓专业人士评论，是指媒体外部的专家学者等所撰写的评论，此类评论多为受媒体所约而做；所谓普通受众评论，则为一般的读者、听众、观众、网民所发表的评论。

按照评论对象的不同，新闻评论可分为事件性新闻评论和非事件性新闻评论。所谓事件性新闻评论，是针对一个广受关注的新闻事件所发表的评论。所谓非事件性新闻评论，是针对一种普遍存在且广受关注的社会现象所发表的评论。

二、新闻评论的价值

新闻评论具有重要的价值，概括来说主要包括以下几方面。

（一）认识价值

随着信息采集范围的不断扩大，信息生产速度不断加快，人们在众多新闻事件面前往往感到茫然。如果我们无法对基本事实做出正确的判断，就会受到错误观点的牵制，对新闻事件的真相进行曲解，甚至形成错误的社会舆论。因此，传播一定量的事实信息和观点信息对于新闻评论来说是十分必要的。具体而言，新闻评论的认识价值主要包含以下几方面。

第一，帮助人们用发展的观点认识现实。新闻评论主要以新闻事实为依托，其在论证过程中所用的论据也是社会事实。在当今的新闻评论中，只有抓住了事物发展的本质和规律，才能准确预测事物的发展趋势。

第二，帮助人们用联系的观点认识新闻事实。世界是普遍联系的，在思考问题的时候，要用联系的观点，对事物进行认识，挖掘其潜在的意义。新闻评论不是就事论事，而是要让感性认识上升为理性认识，从多角度进行论证，传播立论的潜在意义。

（二）引导价值

新闻评论的引导价值主要体现在以下三个方面。

第一，引导人们的思想。各种社会思想不断地发生碰撞，人们的心理也会受到不同程度的冲击，甚至出现心理失衡的现象，人们在这样的环境中应对自己的身份进行重新定位，寻求一个平衡点。此外，各种灾难事故也会给人的心理带来重创，新闻评论能够通过积极的言辞对人们的思想进行积极的引导。

第二，引导人们的行为。新闻评论写作遵循着从概念到判断再到推理的思维过程，其中的判断是对事物之间的联系或关系进行定性的思维活动。在传播学中，判断意味着对思考的对象事物有所断定和做出结论，这是人们行为决策的基础。新闻评论通过评论主体对客体的认识和思考，让人们明晓真相，规范自己的行为。

第三，引导社会舆论。社会生活的复杂多样，使得同一件事情的相关舆论有着很多交集，往往容易使民众感到混乱。这时，受众就会对新闻报道和新闻评论进行关注。新闻报道把观点隐藏于新闻材料中，采取的是潜移默化的传播方式，潜移默化往往是一个比较长的传播过程，是通过传播的累计心理效应对受众产生影响的。但由于信息更新速度加快、人们的注意力也容易发生转移，一件事情引发的舆论并不会持续很长时间。在这样的情况下，新闻评论能够更好地引导社会舆论，对社会事实提出鲜明的观点。

（三）协调价值

新闻评论的协调价值具体包括以下几方面。

第一，协调社会舆论的“度”。社会舆论的“度”包括社会舆论的发展方向及其作用于社会的程度。新闻评论观点鲜明的特性及其评论者的专业化发展使得新闻评论在协调社会舆论的“度”方面发挥着越来越重要的作用。

第二，协调社会各阶层的利益。在社会转型时期，随着公共生活中话题的不断增多，出现了各种社会矛盾，社会各阶层在这些矛盾前会出现恐惧、不安的情绪，因此需要对社会各阶层的利益进行协调，以实现社会的稳定发展。

第三，协调党和政府的工作。党和政府的工作动态不仅需要新闻报道宣传，而且也需要新闻评论来宣传。“两会”在我国政治生活中占有重要地位，由于涉及众多议题，一般人往往却步于前，在一篇评论文章中，把具有代表性的议题集中起来传达给民众，能很好地配合党和政府的工作。

三、新闻评论的特点

新闻评论的特点主要表现在新闻性、说理性和鲜明的倾向性三个方面。

（一）新闻性

作为一种新闻体裁，新闻评论无疑必须具有新闻性。新闻评论的新闻性主要体现在两个方面，一是选题的新，二是观点的新。

所谓选题的新，是从评论对象的角度来说的，新闻评论的评论对象主要有两类，一类是新近发生的新闻事件，一类是广受关注的社会问题和社会现象。

新闻评论的新，指既要在选题上出新，把握好评论的时机，还要在观点上出新，以新颖、独到的见解吸引人。

（二）说理性

新闻评论的说理性是由其传播的目的所决定的。与新闻报道提供事实信息不同，新闻评论主要是为受众提供意见性信息。如果说新闻报道主要告诉受众新近发生了什么值得关注的事件，出现了什么值得关注的现象的话，新闻评论就是向人们解释为什么会出现这样的事件和现象，应该如何看待它们，进而引导受众采取正确的行动。

新闻评论的说理性直接体现在其文本结构和表现手法上。

（三）鲜明的倾向性

众所周知，真实是新闻报道的生命，新闻报道应客观、准确。客观地叙述事实是新闻报道的基本要求。当然，这并不意味着新闻报道是没有倾向的。在新闻报道中，记者与媒体的倾向主要体现在对事实的选择上，即所谓的“用事实说话”。也就是说，新闻报道的倾向通常隐藏在事实背后，是含而不露的。

与新闻报道不同，新闻评论传达的是作者对某个事实或某种现象的认识、看法，简单地说，就是一种意见，意见本身是主观的，因而与新闻报道相比，新闻评论有着鲜明的倾向性，有着强烈的主观色彩。在新闻评论中，作者从不同的角度出发，或分析原因和影响，或预测形势，或表明态度，将自己的观点旗帜鲜明地表达出来。

四、新闻评论的要素

论点、论据、论证是构成新闻评论的三大要素。

（一）论点

根据在新闻评论中的地位，论点通常可以分为总论点和分论点两类。

总论点又称中心论点，在评论中支配着分论点，处于主导地位。在对具体的新闻作品进行评论的过程中，评论者会根据一定的评论意图以及对于所论述事物的总体看法，提炼、总结出总论点。一则新闻评论通常只有一个总论点，总论点超过一个，处理不好就容易导致中心分散，影响人们对评论内容的理解。

分论点又称子论点，它是根据总论点论述的需要派生出来的，它在评论中体现和支持着总论点。分论点是评论主体为了更好地阐述总论点而分设的论述要点。当然，并不是每篇新闻评论都会设置分论点，是否需要设置分论点主要依据论点表达的需要。一般说来，总论点内涵丰富，则需要设置分论点进行论述。如果总论点单一明确，则没有必要设置分论点。新闻评论的论点要做到正确、鲜明、中肯、新颖、隽永。

第一，正确。正确是相对于谬误而言的，新闻评论应坚持马克思主义观点，甄别是非，表达符合最广大人民群众根本利益的正确看法，以帮助公众释疑解惑，树立正确的态度，避免分析的片面性、主观性。

第二，鲜明。鲜明是指新闻评论要有鲜明的立场和态度，清楚地表达见解和想法。在一些关乎全局的重大事件乃至一些敏感问题上，新闻评论应明确自身的立场、态度。

第三，中肯。中肯以正确为前提，是指在正确的基础上突出重点，力求论点准确揭示事物本质或问题实质。

第四，新颖。新颖即观点具有独到之处，既要避免人云亦云，也要蕴涵深刻的见解。当然，新颖是以正确为前提的，离开正确一味地标新立异，就会丧失观点的正确性。论点的新颖主要可从两方面入手：一是找到新的看待问题的角度，言人之所未言；二是挖掘现象背后的本质，言人之所不能言。

第五，隽永。隽永指观点耐人寻味、发人深省，具有启发性，能够使人们举一反三。隽永的论点不一定“言人之所不能言”，却能使人豁然开朗。

（二）论据

新闻评论的论据根据材料的性质主要分为事实性论据和理论性论据两大类。

事实性论据是对客观事物的真实描述或概括，具有直接现实性的特点，因此非常具有说服力。我们常说“事实胜于雄辩”，就是这个道理。事实性论据主要有典型事例、概括性事实。

理论性论据主要指人类经实践验证而得到的理论、经验，如人们发现并公认的自然、社会等的运行规律，以及人们普遍认可的思想、观点、准则等。运用理论性论据进行论证，实际上是用已经确认的结论或认知的成果，去证实新提出的观点和见解，帮助分析和处理尚待解决的问题。在论据的选择上应注意以下两点。

第一，要选择能够证明观点的材料作为论据，材料要具有典型性和充分性。这主要体现在三个方面：一是材料本身具有能够证明和说明论点的属性；二是材料的总和能够为论点提供充分的支持；三是材料与论点间的逻辑联系符合事物的客观规律。

第二，要选取知晓度高并易于被受众理解的材料作为论据。论据主要是用来证明观点的，如果论据没有得到广泛的认可，就很难发挥其作用。论据是评论的血肉，对于评论的可读性或可听、可视性具有非常大的影响。因此，在精心提炼论点时，应对论据进行精心的搜集、评估、筛选。

（三）论证

根据不同的分类标准，可以将论证分为多种类型，下面仅对直接论证和间接论证、演绎论证和归纳论证进行简要阐述。

直接论证和间接论证是根据论点和论据的关系划分的两种论证方式。直接论证是用论据对自己的论点进行直接证实，即直接通过事实说明评论人的想法和见解。间接论证与直接论证相对应，它或者通过否定对立的论点证明和说明自己论点的正确性，或通过证明与错误论点相反的情况是正确的，达到推翻错误论点的目的。

演绎论证和归纳论证是根据论证时运用的逻辑推理方式划分的两种论证方式。演绎论证是运用演绎逻辑进行推理的论证方式，它从已经公认或已经证明的论断出发，经过一定的推理程序，证明和说明尚未形成共识的论点。归纳论证是运用归纳逻辑进行推理的论证方式。它往往从多事实、多角度、多侧面切入，运用归纳逻辑得出一个“共识”。与演绎论证相反，归纳论证是一个从特殊到一般的论证过程。

论证具有一定的方法，其方法是将论点和论据组织起来的具体手段。一定的论证方法要求拥有与论点相适应的论据，运用相应的推理方式。具体而言，论证方法主要有以下几种。

第一，例证法。例证法是用具体的事例对论点进行论证的方法，是新闻评论中最常用的论证方法。举例论证既可以用典型的具体事例作为论据来说明论点，也可通过综合若干事例的共同特点来说明一个具有普遍意义的论点。

第二，对比法。对比法侧重于求异，通过比较更好地突出事物的本质，更透彻地论证道理。

第三，喻证法。喻证法是指运用形象的比喻对观点进行论证的方法。用人们容易理解的事物或者道理来对不容易理解的深奥的事物或者道理进行解释说明，降低说理的抽象程度，将道理讲得深入浅出，给人留下深刻印象，加深其对论点的理解，这是一种形象化的论证方法。

第四，引证法。引证法是指运用已被实践证明的理论、原理、道理，来证明某个具体论点，这一论证方法主要体现在理论性论据的使用上。运用引证法时要做到引证准确、恰当，引用的材料要力求深刻。

第五，类比法。比较是认识也是说明事物的一种基本方法。按事物间的关系，比较可分为类比和对比。类比法是类似事物之间的比较论证，侧重于求同。类比，从作用上说，它是一种论证方法；从思维上说，它是一种推理形式。在运用类比法时应做到类比要恰当、类比的对应关系要清楚。

第六，归谬法。从本质上说，归谬法是一种特殊的假设论证，即在说理时，先承认对方的观点是正确的，然后再根据对方的观点，按照一定的逻辑进行合理的引申，直到最终得出不符合事实或违反公理的荒谬的结论，从而驳倒对方的论点。

第七，假设法。假设法就是在推理时，先假设一种相反或相似的情况来进行论证，然后通过对假设情况进行否定或肯定，来肯定或否定所要论述的观点。假设法不着眼于现实，而着意推理，所以能使文章说理更充分、更全面。

第八，反证法。反证法是通过否定对立面证实论点，或通过证实自己的论点否定敌论的论证方法。有的观点找不到正面的例子，或正面材料不足以做出证明，或不便直接从正面证明，就常常需要从反面对其进行证明，反证常常可以增强评论的论辩性和说服力。运用反证法进行论证能够有效地增强论证的力度，加强批驳的气势，强化说理的明确性，也能使文章有起伏和波澜。

运用反证法需要注意以下两点：一是自己的论点一定要站得住脚；二是要处理好正反面说理的关系，既要对敌论的弊端进行深入的分析，又要对己论的合理和正当性进行清晰的呈现。不过，反证只有在直接对立、非此即彼的情况下，才能得到有效的运用。

第七章　融媒时代新闻传播的发展与变革策略

在信息爆炸的融媒时代，碎片化的媒体信息充斥了整个网络，无论是新媒体还是传统媒体，都在全力争夺用户流量。在这样的竞争环境下，新闻传播的发展也面临巨大考验。而这种考验既是来自新闻内容质量的挑战，也是来自新闻记者采访能力的挑战。如何应对融媒时代的新闻价值和新闻事业所面临的挑战，成为新闻传播发展的重点内容之一。本章分为融媒时代的新闻价值、融媒时代新闻事业的发展、融媒时代新闻传播的发展策略三部分，主要内容包括：新闻的双重价值、融媒时代新闻价值遇到的挑战等方面。

第一节　融媒时代的新闻价值

一、新闻的双重价值

（一）新闻在传播过程中的双重价值

新闻传播是一个完整的信息传播过程。对于这一过程的分析，有学者在论述“事实—新闻报道者—新闻接受者之间的关系”时，列出了新闻传播过程的三要素，即事实、新闻报道者、新闻接受者。还有学者更为明确地指出，新闻传播不是一个静态的现象，而是一个动态的过程，是一个把事实的信息转化成新闻，为受众所接受的运动过程。这个过程包括新闻来源、新闻传播者、新闻受众、反馈四个基本要素。

事实上，新闻传播过程的本质规定性在于：它是一个始于事实而又终于事实的过程。新闻工作者通过对事实的采访、对新闻报道的写作和编辑，将新闻在媒体上发布出来，供人们阅读或收听或收视，而人们接触新闻的目的，又是了解现实社会中已经发生和正在发生的事实。因此，事实—媒体—新闻（报道）—受众，构成了新闻传播过程的基本要素。其中，事实和新闻（报道）是一对范畴，作为客体而存在；媒体（新闻机构及其从业人员，即新闻报道者或新闻传播者）与受众是一对范畴，作为主体而存在。

在新闻传播过程中，新闻作为事实的反映，是联结媒体和受众的纽带。新闻必须由媒体报道出来，受众才能接受；只有受众接受了新闻，媒体的新闻传播才具有意义。

在不同的历史时期、不同的国家，新闻媒体在体制上存在着不同的类型。目前，世界各国的新闻体制大体上可划分为三大类型：商业经济型——媒体作为一种私人或公司所有的企业；政治宣传型——媒体作为政党或国家创办的宣传机构；社会公益型——媒体作为一种为社会所有的独立性公共事业。不同的媒体在宗旨上有所区别，但有一点是相同的，这就是传播新闻并非仅仅是为了满足受众的信息需要，而且还有着媒体自身的利益追求。换言之，在满足受众需要的同时，新闻也具有满足媒体自身需要的功能。

正是在满足受众和媒体这两种传播行为主体需要的过程中，产生了新闻的双重价值。相对于受众而言，新闻具有满足受众认知客观现实变动情况这种需要的属性，因而具有新闻价值；相对于媒体而言，新闻具有满足媒体宣传自己的思想观点、政治主张、权利要求等需要的属性，因而具有宣传价值。

（二）新闻价值的定义与要素

1. 新闻价值的定义

从价值概念的本来含义出发，从客观存在的外界物与满足人们需要的关系中去理解，可以对新闻价值做出如下的定义：新闻价值是新闻满足受众认知客观现实变动情况的需要的属性。

在理解新闻价值的这一定义时，需要了解两方面的内容。首先，新闻价值是在传播过程中产生的一个概念，它表示的是新闻这一客体与受众这一主体之间的关系，而不是事实与受众之间的关系。因为事实只有经过媒体的报道转化为新闻以后，才能为受众所感知，才与受众发生关系。其次，新闻价值仅仅是新闻满足受众认知客观现实变动情况的需要的价值。新闻价值所表述的，并不是新闻可能具有的种种价值的总和，只是新闻满足受众认知客观现实变动情况的需要这一方面的价值。

2. 新闻价值的要素

新闻价值是在传播实践中形成的概念。人们对新闻价值的认识还处在探索过程之中。新闻价值究竟包含了哪些要素，迄今为止尚无定论。学者们比较一致的看法，是“五要素”说。

（1）实效性

时效指在一定的时间限度内能起的作用。时效性是新闻价值的首要因素。新闻时效性越强，新闻价值就越高。时效性是任何新闻价值的必备因素，无论如何，没有时效性的新闻价值是不能成立的。具体而言，实效性表现为以下三点。

①时间性。时间是指新闻事实发生的具体时间。迅速传播事实，尽量缩短事实发生到新闻发布的时间间距，争分夺秒，时效性就强。国外有人曾经说，今天的消息是金子，昨天的消息是银子，前天的消息是垃圾，说的就是新闻要讲时间速度。从前的新闻以天来计算，到了现在这个信息时代，新闻的生命就变成以时计，甚至以分秒计了。时间性作为时效性因子，其效在速，贵神速不贵巧迟。

②时新性。某一时期最新的叫作时新，时新也是新闻时效。凡是人们不曾知道的，或者不曾被真正了解的事物，如从来无人知晓的所在，正在触及的新问题，某种以前没有揭示过的观念，都具有新闻性，都有新闻价值。新闻固然要抢时间、争速度，但并非所有新闻都能抢到都需要抢到的那个时间和速度。在很多情况下，传播新闻只能确保时新。时新体现为时效性，其效在鲜，新色十足。

③时宜性。时宜即合乎当时的需要。一部分新闻有特定的发布时机，快了不行，慢了也不行，需要在那个特定的时机发布，这也是一种时效性。

（2）重要性

所谓重要性是新闻价值“特殊素质”中的关键素质。

所谓重要性就是客观事实中具有的能对社会、对公众产生较大影响的性质。关系国家前途、人民命运的事件，在某一领域具有重大影响的事件，都会引起人们的普遍关注，这样的事件就是重要的新闻；重要性越强，新闻价值就越大。

需要特别注意的是，重要性还有一个显著的特征就是相对性。由于社会制度不同以及地域差别等原因，人们对于事物的认知水平各异，因而对重要性的认识也就自然存在明显差异。举例来讲，2001 年恐怖分子制造的“9・11”事件对全球而言都是重要的新闻，而它在美国本土来说就显得更为重要；2001 年我国申奥成功，顺利加入 WTO，对于我国来说是十分重要的新闻，对于其他国家就不一定有那么重要了。同样，各个地区有各个地区重要的新闻，实际工作中，考虑重要性因素，就要从当时当地的具体情况出发，尽量选择与大多数人的利益尤其是全社会利益相关的事实。

（3）接近性

新闻的接近性是指因新闻事实同受众在地理上、职业上和心理上的距离而对受众能够产生吸引力的那种性质。一般说来，新闻事实同受众的距离越近，新闻价值就越大，反之越小。

从地理上看，距离越近的事实，受众越是关心；从职业上，从事某一职业的受众总是比较关心与本行业有关的人和事；从心理上看，由于年龄、性别、情趣、爱好、社会经济地位和文化背景不同，人们总是比较关注与自己有关的特别是关系密切的人和事。

由此看来，站在受众的立场上，越接近“我”的事实其新闻价值越高，例如，“我—亲友—社会中坚分子—对于社会治安有不良影响的人—声势浩大的群众事件”，成正比例排列。值得注意的是，这几个方面的接近性是互相联系、可以变化的。

（4）显著性

所谓显著性，是指新闻事物本身具有的比较显著和突出的某些特征。如新闻事实中的人物越为公众所瞩目，在社会上的知名度越高，新闻就越能吸引受众。

西方新闻学家所讲的显著性是指名人新闻。“越是著名的人物，作为新闻来源就越有价值。大名鼎鼎的人，声名狼藉的人，还有古怪的人，都会引起特殊的兴趣。”“从名将、男明星或富翁中任取一，再从交际花、歌星或名人之妻中任取其一，调配起来，新闻味便来了。”虽然这样的新闻的确能达到吸引某些受众眼球的目的，但不一定有很好的社会影响。名人新闻带来的重要影响是效仿，因而社会主义新闻事业应该注重反映名人的优秀品质，以此促进精神文明建设，尤其是我们的主流媒介更不能以炒作名人琐事来吸引受众。

在新闻价值的显著性中，新闻事件的人物越“显要”与“著名”，新闻价值可能就越大，但是更重要的还是要看新闻的最后效用，也就是在新闻事件传播之后，所产生的实际的社会效益。显著性这一特点进一步提醒我们，新闻价值仅用新闻价值的要素来衡量是不够的。

（5）趣味性

新闻的趣味性是指新闻事实的内容使读者感兴趣的那种性质，它可以影响读者的感情，引起读者的共鸣。趣味性主要有以下三种情况。

一是反常性，即某人和某事明显地不同于周围同类的人和事，或者无法用常理解释，如“人咬狗”“毛孩”“中山市某路段汽车向上滑行”等，这类人和事由于具有反常性，其新闻价值就高。

二是冲突和斗争，人类有崇尚斗争的本性，对于一切冲突和斗争都感兴趣，冲突或斗争越大并且越激烈，其新闻价值就越大。这些冲突和斗争包括人与自然、人与人、团体与团体、国家与国家的冲突和斗争。

三是对比性，世事变迁难以预料，如果出现喜极而悲、苦尽甘来的情况，正反对比容易触发人们的情感。这类情况也具有极高的新闻价值。

趣味性或人情味是西方新闻界最为重视的，对此我们应有科学的态度。一方面，我们要遵循新闻价值的理论，将生活中的奇闻逸事传达给受众，另一方面又不能为趣味性而趣味性，更不能为追求趣味性而牺牲新闻的真实性和重要性。

（三）宣传价值的定义与要素

1. 宣传的定义

作为一种社会传播活动，宣传由以下几个环节组成。

（1）宣传主体

宣传的主体是一定的社会组织。在通常情况下，一定的社会组织总是通过一定的代言人来开展宣传。因此，尽管宣传可能以一个人的形式出现，但宣传的主体并非个人，而是社会组织。

（2）宣传对象

宣传是一种针对性很强的传播活动，每次的宣传活动往往是针对社会公众中的特定目标而展开的。

（3）宣传内容

一般地说，宣传主体总是从对自身有利的角度来确定宣传内容，选择有利于自身的事实、材料来宣传自己的思想观念、政治主张、方针政策。

（4）宣传场合

在宏观上，社会背景有封闭环境和开放环境之别；在微观上，不同的场合有不同的宣传气氛，宣传对象有不同的心情和心理定式，比如数十人参加的小型座谈会不同于成千上万人参加的广场集会，面对面的宣传不同于通过大众传媒展开的宣传。

（5）宣传时机

宣传主体总是选择对自己有利的时机开展宣传。宣传主体视具体情况而定，或掌握主动，先发制人，快速传播有关材料；或等待时机，后发制人，将有关内容暂时压下，等到时机成熟才慢慢传播；或隐去不利于自身的信息，干脆秘而不宣。

（6）宣传动机

从根本上说，宣传的目的是让宣传对象的态度、信念、意见和行为等按宣传主体所希望的方向发生改变。宣传主体所希望的方向并不一定都是真的、善的、美的，也可能是假的、恶的、丑的。假、恶、丑的宣传虽能骗得人们一时的信任，但终将在历史的浪潮中灰飞烟灭。只有真、善、美的宣传，才能赢得人们发自内心的信任和拥护。

（7）宣传方法

宣传方法包括所采用的媒介、途径和宣传的手段、技巧等，是多种多样的，高明的宣传者总是善于根据实际情况加以选择和利用。

2. 宣传价值的定义

宣传的方式多种多样，并不限于“利用大众传播工具”。刘建明主编的《宣传舆论学大辞典》列出了口头宣传、文字宣传、形象宣传、报刊宣传、招贴宣传、实物宣传、展览宣传、新闻宣传、公共关系宣传、立体宣传等众多条目，也很难说是穷尽了宣传的方式。

这里对宣传价值的探讨，主要是指“利用大众传播工具”开展的宣传，尤其是媒体通过新闻而进行的宣传。

在新闻传播过程中，新闻价值是新闻满足受众认知客观现实变动情况的需要的属性，而宣传价值则是新闻满足媒体宣传自己的思想观点、政治主张、权利要求等需要的属性。

3. 宣传价值的要素

一般地说，宣传价值的要素包含以下五个方面。

（1）一致性

这是指新闻能够充分地体现媒体所持的思想观点、政治主张、权利要求。在通常情况下，新闻作为新近发生或正在发生的事实，可能与媒体所持的思想观点、政治主张、权利要求相一致，也可能不一致。从宣传角度看，只有那些与媒体所持的思想观点、政治主张、权利要求相一致的新闻，才有宣传价值，媒体才会加以大量地报道；而不一致的新闻，则不具有宣传价值，媒体往往很少报道，或者干脆不报道。

（2）针对性

社会生活中随时都可能出现新的矛盾、新的问题，针对这些新矛盾、新问题的新闻，就有宣传价值。针对性越强，宣传价值就越大。

（3）普遍性

普遍性指新闻所包含的思想内涵对于广大受众具有普遍的教育意义、指导作用。新闻的教育意义越普遍、指导作用越强，新闻的宣传价值就越大。因为具有普遍意义和指导作用的新闻，能够引起最广泛的公众注意，能够启发人们在举一反三的思考过程中接受媒体所持的思想观点、政治主张和权利要求。

（4）典型性

典型性指新闻中的人和事在近一段时期内十分突出，具有高度的代表性，能够有力地说明媒体所持的思想观点、政治主张和权利要求。典型性强的新闻，可以发挥以一当十、以少胜多的作用，使人口服心服，进而产生良好的宣传效应。

（5）时宜性

时宜性指新闻报道只有选择适当的时机加以发表，才能收到良好的或更大的宣传效应，避免引起不必要的思想混乱。在新闻传播过程中，时宜性既表现为“抢新闻”，也表现为“压新闻”。该抢的要抢，该压的要压。何时该抢，何时该压，全看对媒体所代表、所服务的国家、阶级、团体等的利益是否有利。

（四）新闻价值与宣传价值的关系

新闻价值是新闻满足受众认知当前现实变动情况需要的特性，而宣传价值是新闻满足媒体宣传自己的思想观点、政治主张、权利要求等需要的属性。一条新闻可能既具备新闻价值又具备宣传价值，也可能只具备新闻价值而不具备宣传价值，还可能只具备宣传价值而不具备新闻价值。一般情况下，现实生活中发生的各种新闻，在新闻价值与宣传价值的关系上存在着五种组合情况。

第一，既有新闻价值，又有宣传价值。如党和政府的重要会议、重大决策，影响全局的重大事件，关系国计民生而又为群众所关心的各种重要问题。

第二，有新闻价值，但有无宣传价值尚难断定。如一起空难或重大铁路、公路、航海交通事故。

第三，有新闻价值，但与宣传意图相抵触。如一家国有企业职工因为对负责人强烈不满而采取一些过激行动。

第四，有新闻价值，却没有宣传价值。如一些奇特的自然现象和新奇的趣闻逸事。

第五，有宣传价值，却没有新闻价值。如一些领导部门的工作例会。

从微观上看，新闻价值是宣传价值的基础，宣传价值只有在实现新闻价值的过程中才能得到充分体现。但是，从宏观上看，宣传价值又总是或隐或显地主导着、控制着新闻价值的实现。即使在不讲宣传的西方新闻界，宣传价值也总是作为深层次的意识形态而制约着新闻价值的实现。

在实际的新闻传播过程中，宣传价值不仅制约着新闻价值，而且还渗透到了新闻价值之中。一本新闻传播工具书在“新闻价值要素”词条中说，新闻价值要素在我国通常指一则新闻事实（或新闻信息）所包含的重要性、新鲜性、时效性、典型性、显示性（又称显著性）、指导性、接近性、可读性、参照性、启发性、开拓性、趣味性、人情味等。在这里，除了把一些既不属于新闻价值要素也不属于宣传价值要素的特性如可读性、参照性、开拓性列进新闻价值要素之外，一个突出的特点是把属于宣传价值范畴的特性如典型性、指导性、启发性也列入了新闻价值要素之中。这种把宣传价值要素混入新闻价值要素之中的做法，本身也说明了宣传价值对新闻价值的渗透。

二、融媒时代新闻价值遇到的挑战

近年来，歪曲新闻价值的现象层出不穷，传播主体经常“偏爱”其中某一个要素，或是错误解读某一要素的意义，导致行业乱象开始滋生蔓延。

（一）融媒时代新闻价值存在的问题

1. 虚假新闻频出

虚假，顾名思义，与真实性相反。虚假新闻意为关于事件的不实报道，或编撰、捏造本就不存在的事件，它在融媒时代依旧频出不断且屡禁不止。

事件发生后，新闻推送的时间不再如以前一样按分钟计算，而是按秒算。这让很多媒体人感觉到了强劲的压力；速度成为媒体及传播平台之间竞争的撒手锏。2020 年初，新冠肺炎席卷全国，每天可以看到很多新闻的标题都是类似这种“教您辨别疫情谣言”“25 条最新疫情谣言汇总”“又是关于疫情的谣言”，从这里我们也可以看出，虚假新闻泛滥的现象仍然严峻。

2. 低俗新闻泛滥

新闻价值中的趣味性并不等于低俗。“低俗，即低级且庸俗；低俗化即尚未达到淫秽色情等级，但又明显带有有害青少年身心健康的内容。”

（1）大量推送名人隐私

影星、歌星、体坛名将等各类“星”们成了一些媒体竞相报道的重要人物，尤其是他们聚光灯背后的私人生活等成了大卖点。

一些娱乐媒体为了有隐私可播，藏匿在某些名人集聚的小区进行跟踪与偷拍，并将偷拍内容公开传播。这些内容不只涉及名人本身，还经常涉及与其有关的孩童、老人等亲属，涉及其家庭背景，如某星的父亲或母亲是企业领导，某星出身豪门等。

这些涉及隐私的新闻不仅失真，而且忽视伦理原则的约束，影响到了更多传播主体的价值评判，严重扰乱了传播环境的秩序。

（2）报道封建迷信

现如今的网络中流行着很多伪科学或宣传封建迷信的内容，这些内容倡导用相信某种神灵存在的方式来祈求达成自己的心愿，以及通过看手相、看手机尾号、看身份证尾号等方式来预测事业、爱情等。把封建迷信歪曲成“趣味性”，愚昧且忽视科学真理，极其容易影响到新闻的质量。媒体实施道德教化的过程并不是显性的，而是日积月累、潜移默化的。这种蕴含封建迷信观念的内容被大肆传播，定与某些传播平台忽视伦理原则、忽视客观真实、低俗无聊的价值取向无法脱离关系。

蕴含负面文化价值的内容与平台传播的强度与广度相结合，致使生活在其中的用户明显地感知到社会在提倡什么，宣传什么。正如学者说的那样，“作为资本化、商品化的且已经成为一种文化霸权的大众传播媒介，正以其强力侵蚀着大众自由思想的动力与能力，使他们日益蜕化为丧失辨别能力与顺从现状的单面人”。长此以往，用户沉浸在席卷而来的劣质内容中，他们的主观能动性和思考能力十分容易被消解。

（二）融媒时代新闻价值失衡的原因

1. 技术系统的把关漏洞

“把关人”理论是美国社会心理学家、传播学四大奠基人之一——库尔特·卢因在《群体生活的渠道》中所提出的。他认为，在信息传播的流程中，有一些人专门对进入渠道中的信息进行把关，被称作“把关人”，那些符合大众价值取向的信息才会被“放行”，进而流向市场。传统媒体时代，记者、编辑和主编扮演新闻制作和分发的“把关人”角色，将一些新闻价值较低，或是蕴含负面新闻价值的新闻过滤掉。而如今一些智能传播平台，将以个性化推荐、数据抓取等技术为主的机器当作“把关人”。机械的算法程序挖掘用户的位置、场景、阅读爱好等信息，并将其转化为一系列代码，匹配之后进行推送，中间的过程几乎不需要人工参与。

但是，技术若被不加批判地机械使用，那么它的弊端会日益显露出来。这些所谓“把关人”的机械式把关带有极大漏洞——缺乏最核心的新闻价值判断能力，如无法辨别内容真伪，无法鉴定图片、视频中隐晦的色情、迷信、暴力等低俗内容，无法识别负面价值倾向。从而，它们也就无法像专业的新闻编辑那样发挥把关作用，对事实质量进行谨慎、仔细的判断。

第一，在类似平台中，很多的低俗文本都以碎片化的方式被“藏”进整篇内容当中，这些低俗文本与原本的内容并没有任何关系，而算法技术在样本训练基础不够的情况之下是没有办法将其识别出来的。

第二，隐晦色情类文本很难识别。这种文本它并不是光明正大地来宣扬淫乱思想，而是用一种非常隐晦的方法引发人的联想和想象，如穿戴不整的色情图片等。这样的想象能力对于算法识别来说尤其困难。

第三，不同地区的口头语不易被过滤。中国的语言文化底蕴深厚，除去统一的普通话之外，还有很多地域性质明显的口头语。这些口头语随意性强，没有普通话规范，也是很难被识别出来的。

2. 流量带来的利益诱惑

经济形态对新闻价值的影响，早在 17 世纪就已展露痕迹。美国历史学家伯纳德·韦斯伯格就曾指出，报纸“就像商业的女仆，通过强调贸易和商业新闻为商业服务”。

我们国家在 20 世纪 80 年代中期开始对媒体的经营制度进行改革，实施“独立核算、自负盈亏、照章纳税、财政不给补贴”的新政策，即通常我们所理解的“事业型单位、企业化管理”。社会主义市场经济制度日益成熟，越来越开放的商业环境致使媒体之间的竞争变得尤为激烈，利用关注度来赚取更多的经济利润等逻辑进入新闻价值的体系之中。加之信息高度地流通，媒体逐步丧失了过滤和筛选事实的主动权，采访和求证事实的时间也变得极短，更加来不及整理出全面、严谨、客观的新闻。这种形势导致了很多新闻媒体的商业化倾向突出，尤其是在编辑方针层面，经常传播碎片化、来源不准确的信息，甚至是通过迎合用户的低俗趣味来扩大自身的市场占有率。

而新兴的智能传播平台是完全以盈利为目的的企业，他们遵循商业逻辑以及流量思维来从事传播活动。表现在对新闻价值的影响上，首先是开始加重对趣味性要素的“偏爱”，一味地以用户兴趣为中心推送他们所喜爱的内容，传播大量消闲性新闻，以此来获取高流量、高曝光率，而忽视这个“喜爱”存在的负面、不健康之缺点。其次是不顾真实与否转而大力追求“首发”“独家”，以吸引更多的流量。最终，这些无底线、忽视社会责任的商业行为导致很多负面的价值标准出现，将传媒业态的发展推向了一个不利于社会发展的走向之中。

三、融媒时代实现新闻价值的策略

（一）提高新闻报道的实效性

时效性是新闻报道的基本特性之一，新闻的可贵之处就在于它的“新”。从传统媒体时代乃至新闻诞生的那一天开始，抢时效就是新闻工作者最常做的事，新闻媒体报选题、审稿件、做报道也以最基本的时效性为其衡量标准。可以说，对于时效性的追求经历了新闻史漫长的发展，仍旧是新闻行业最本质的特征。

融媒时代来临，新闻报道从一纸化平面报道以及几种几乎脱离关系、以各自形式独立存在的报道发展为内容整合、形式丰富、成体系、内在联系逐步优化的融合报道。新媒体环境在将报道细分为更具体多样的操作阶段的同时，又以其更为强大的整合速率推动各个操作阶段加以连接。

1. 缩短获取新闻信息的时间

在传统媒体时代，信息流通并没有如此快捷，在信息经过单线型传播到记者耳中而记者又赶赴事件现场的过程中，新闻的时效性已经大大削弱，甚至有很多重要的新闻信息碍于贫瘠的传播平台根本传播不出来，时效性更无从谈起。

在新媒体环境下，新闻工作者能获得近乎全方位的信息刺激，这一方面得益于社会传播大环境下的传播特征，另一方面得益于其个人的社交媒体信息推送，这就避免了事件发生后由于闭塞周转，信息不能及时传递到记者那里的局面，同时也使记者不用事必躬亲地去求证，有效提高了新闻信息获取环节的时效性。例如，当记者在做关于“名人之间的口水战”的报道时，需要在最短时间内搜集并提供读者感兴趣的相关者的资料，又需要避免从网络上复制无效信息，这时候我们可以从关于这些名人的已有的独家报道、网络论坛里对这些名人的舆论意见、社交媒体里部分用户自发担任公民记者发布的言论及掌握的资料，甚至国外媒体的资讯中来获取素材。这些素材具有独特性，往往能震撼受众。

2. 完善新闻加工环节

不管是在过去，还是在现在，受众看到的生产加工完的新闻产品都需要新闻工作者对相对零散的信息进行一个整理，并以此为基础加工成具有一定产品性和推广性的新闻，其间存在一个复杂的过程。同时，在新的形势下，不仅在最终加工的成品形式上是多向度组合的，甚至连获取的信息也都是多媒体化的，更多形式的信息组合带来了更大的时效性挑战，对新闻加工环节提出了更高的要求。

同时，以往的传统纸媒让文字记者承受着最大的压力，文字作为主力军充当了大多数信息的出口。而现在视频、图片、文字等众多“出口”并驾齐驱，迎合了用户对一种直观与深度并存的新闻报道的需求。融合报道由于这种加工重心的分散，减轻了某些高压“出口”的压力，均衡了各种形式的输出，在一个融合报道团队里，单位时间里将生产出更丰富、更全面的新闻产品，新闻时效性在这个意义上得以提高。对于新闻加工环节的时效性问题，我们将其分为个人跨媒体加工、团队跨媒体加工两类情况进行讨论。

第一，个人跨媒体加工的时效问题。个人跨媒体加工的融合报道要求一个新闻工作者承担起采访，整合图片、文字、视频，甚至更多技术平台的新闻报道任务，西方新闻媒介里的融合新闻在个体层面的标志是那些掌握了多种媒介技能的全能记者，这些人在美国还有“背包记者”等多种称号，他们掌握了全面的多媒体技能，能够为多种不同媒体提供新闻作品。

第二，团队跨媒体加工的时效问题。一般意义上讲，在追求新闻时效性的过程中，团队跨媒体加工无疑具有更大的优势。相比一个人完成众多形式的融合报道，一个团队分工协作可以在单位时间里完成好几样作品，与个人跨媒体中对于时效性、阶段性的追求不同，团队跨媒体加工往往是先做出各种形式的报道然后再整合发布，这是团队跨媒体加工分工化有效利用了时间的最好体现。

（二）降低技术依赖

1. 引入人工审核

算法、大数据等智能技术被应用到新闻传播的筛选和分发中，传播主体依据技术推算得出的用户画像去做出新闻价值判断和选择，这已然是行业的大势所向。但是，机器把关的漏洞使得如今新闻的质量令人担忧，劣质、低俗等内容不断涌现。虽然有些平台引入关键词拦截等技术手段来过滤负面信息，但图片识别的难度之大都曾令“今日头条”人工智能实验室的负责人咋舌。

所以，媒体机构尤其是新兴起的智能传播平台，更重要的一个改善方向是加入人工审核，24 小时负责多个传播渠道中内容的筛查，尤其要谨慎对待新闻中包含的图片、视频等。借助技术先进之处的同时发挥人的优势，站在客观、真实、正当趣味等角度衡量与判断新闻价值。同时企业也应当加强对人工审核团队的培训，提升他们对于内容质量的辨别能力，对信息来源是否真实、是否权威的判断能力。新闻媒体只有通过机器和人工双重甄别的审核机制，及时在信息发出前的阶段剔除掉不利于用户身心健康、不符合正面价值观念的内容，不再被动地面对个性化推荐带来的困境，才能更好地履行其所承担的社会责任与义务。

2. 培养全能人才

智能传播时代，技术的成熟与介入，让原来专业的传播主体身上价值判断的属性被模糊，转而转型成了越发熟练的技术的使用者。苹果公司 CEO 库克在乌镇中国互联网大会上说过这样一句话：“很多人都在谈 AI，我并不担心机器人会像人一样思考，我担心的是人像机器一样思考！”

所以，如今这些专业的传播主体应当在旧的人文标准衰落的情况下努力培养出新的价值理性，批判看待技术发展的利与弊，自觉遵循新闻伦理的软性约束，以防整个行业因资本和政治对前沿技术的控制而沦为牟取私利的工具。这个群体不但要善于学习智能传播时代新闻生产所需的技术，更要用一种批判、客观、科学的能力去深化对新闻行业与公共社会之间复杂关系的认识，做出更恰当的新闻价值判断与选择。

另外，如今很多智能传播平台内的传播主体，例如算法工程师、自然语言处理工程师等都不是新闻传播专业出身，必然地，他们也不会熟悉和掌握专业理论知识。他们应当认识到自身从事的行为已经烙上明显的媒体属性，需承担社会责任。与此同时，平台应当重视对他们的培训，尤其是普及基本的从业规范，使其做到善于和新闻编辑部沟通、交流，在研发时将正确的价值观念内嵌进操作流程与技术模型中，从源头上减少低俗、劣质新闻的产出。

（三）传播正面新闻

1. 坚守真实客观

我们所生活的环境并不是绝对的安全和自由，这其中带有隐患、危险甚至是虚幻。除去亲自体验，人们更加需要根据阅读新闻、接收信息这一活动来对生活环境保持了解，进而做出判断。从这一点来说，如果媒体或者智能传播平台所发出的都是经不起推敲的，甚至是虚假的信息，那么人和人之间相互信任的程度就会急剧下降，共同所认知的“善”也将变成触摸不到的空中楼阁。

真实是新闻的生命，是新闻伦理当中一个重要的原则。从伦理角度出发，无论是专业的媒体工作者，或是当下专业色彩不明显的传播主体，都应该坚持这一点，传播关于事件的真相。智能传播时代，传播主体的传播行为受到了更多的关注和监督，基于这一点，也应当将调查、核实事实和真相的过程进行公开，为真相提供更强有力的印证。主流媒体无论是报道自身采访的新闻或是从庞大的UGC中选择事实，都应当坚守对事实真相的调查。任何带有主观情感倾向的内容都须通过听取多方意见再斟酌报道，不去做某一方的代言人，而是去做真相的代言人。另外，以转载主流媒体内容和刊发自媒体内容为主的传播平台，更加不应当在经济利益的诱惑下丢掉底线，以主观色彩浓厚的内容来吸引用户，获取高点击率。而是要加大对真实性的“敬畏”，加强与优质主流媒体的合作，提高自媒体准入门槛，强调客观与真实的价值取向。

2. 尊重人格尊严

人格尊严指的是“公民作为平等的人的资格和权利应该受到国家的承认和尊重”。伟大哲学家康德曾说，人在任何时候都只能作为目的，而不是工具或手段。《中华人民共和国宪法》第38条：“中华人民共和国公民的人格尊严不受侵犯，禁止用任何方法对公民进行侮辱、诽谤和诬告陷害。”彰显了对人格尊严的维护和重视，其在新闻业发展过程中也被纳为重要的伦理原则。

忽视人格尊严的传播行为可能会使媒体及平台的公信力和信任度下降。尤其是在当下，用户的各项数据都会被网络记录，在无边界的网络世界会被更多的群体发现，所以用户对于自身隐私的保护意识越来越强烈。

新闻是一项为了人与社会健康发展的神圣事业，尊重人格尊严应当是传播主体必须遵循的伦理约束原则。这也提醒我们，传播主体在进行价值判断时都应注意尊重用户隐私，不去报道带有伤害性质的内容，弘扬人性中“真善美”的一面。尤其在报道犯罪性事件时应避开传播作案手段、作案细节，不去报道被害人的姓名等，尊重施害人的合法权利。

第二节　融媒时代新闻事业的发展

一、融媒时代新闻事业发展的新趋向

融媒时代，新闻事业的发展将表现出以下几大趋势。

（一）从以传播者为中心走向以受众为中心

融媒时代，新闻事业将从以传播者为中心进行运作转向以受众为中心进行运作。具体来看，从以传播者为中心到以受众为中心主要包含以下三层含义。

1. 传播者角色的转化

新媒体的出现在很大程度上推动了新闻事业从计划经济向市场经济转变，在这种社会大背景下，新闻媒介的强制化、权威化的特点逐渐减弱，服务性特点逐渐加强。受这种大环境的影响，曾经在计划经济时期以“组织者”“宣传者”“政府机构的分支”等角色自居的新闻传播者的角色也会发生转变，即从“发号施令”者向服务者转化。

2. 受众角色的转化

作为新闻传播的对应物，受众是新闻信息的接受者。在新媒体出现之前，各类新闻事业单位纷纷将受众当作随时会被信息“魔弹”击中的靶心，以传播者为中心选择不同的信息传递给受众，受众（这里的受众不是指受众个体，而是指接受订报计划的单位或者被组织读报的群体）无法自主选择。而在新媒体出现后，新闻信息是一种商品的观念逐渐深入人心，受众可以根据自己的需要选择不同的新闻信息。在这种情况下，受众理所当然地被新闻媒介看作新闻信息的“消费者”，享有“消费”的各项权利，受众的角色也发生了转化。

3. 媒介风格的转化

随着新媒体的快速发展，为适应市场的需求，不少媒体在从以传播者为中心向以受众为中心转变的过程中，其风格也发生了深刻的变化。具体来看，传统的新闻媒介大多是以宣传的面孔出现的，因而具有很强的宣传意味。而当其以受众为中心时，就会为受众提供多种信息服务，其中不仅有严肃的政治新闻，也有娱乐、消遣等多方面的内容，而这一转变也会在很大程度上刺激新闻媒介形成多元化的风格。

（二）从人治走向法治

融媒时代，新闻事业的制度架构将从人治走向法治，这是新闻事业向前发展的客观要求。具体来看，新闻事业从人治走向法治需要经历以下几个步骤。

1. 建立新闻法

在新媒体环境下，建立新闻法是新闻事业发展的内在需求。针对我国新闻事业立法真空的问题，要实现新闻事业的法治需要建立新闻法。

2. 提升大众权利

建立新闻法只能从制度和秩序上对新闻事业进行规范。新闻事业的法治化还需要进一步提升大众权利，如保证受众的知晓权、新闻从业者的舆论监督权、新闻自由等，在发展新闻事业的同时，只有维护大众的这些权利，才能体现真正的法治思想。有鉴于此，未来新闻事业的法治化还包括大众权利从重义务、轻权利向权利义务并重转变。

（三）新闻媒体从单一媒体走向媒介融合

融媒时代，传统的单一的媒体联合或兼并已经不再适应市场的需求，因此近年来，几乎所有的新闻媒体都在向多媒体方向发展。而在这一发展过程中，省（市）级别以上的媒体基本上都是“报纸＋网络”或“广播电视＋网络”的模式。而在地（市）一级，报纸、广播、电视、网络正在逐步联合、兼并。据此可以推测，未来新闻媒体在运作上将由单一媒体向媒介融合发展。

（四）从雅俗共赏发展为雅俗分赏

融媒时代，为吸引受众，更多的新闻事业将会以受众的兴趣为重点，而这也会推动新闻事业从雅俗共赏向雅俗分赏发展。具体来看，新闻事业从雅俗共赏向雅俗分赏发展包括两项内涵：其一是因受众兴趣不同，新闻事业的受众从大众化向小众化方向发展；其二是因受众兴趣不同，新闻媒介从单一性向多元性过渡。

（五）从相对自由竞争向垄断竞争过渡

融媒时代，在未来的数年内，更多的新闻事业单位将会涌现，他们一方面会摆脱以往小规模、相对自由的竞争状态，另一方面也会开启兼并浪潮。而这种发展趋势从实质上来看，就是新闻事业在竞争上将会从相对自由竞争走向垄断竞争。

1. 从相对自由竞争向垄断竞争过渡的具体表现

从相对自由竞争向垄断竞争过渡的具体表现包括以下几方面。

第一，新闻传播事业的产业化发展，即新闻传播事业开始以集团的形式出现，大规模地传播信息，集中获取市场广告份额，盘活资本存量进行多项投资。例如，广州日报报业集团为适应市场，兼并了《足球报》《广州文摘报》《广州英文早报》《广州商报》《交通旅游报》《广州日报电子版》《新现代画报》《岭南少年报》《现代育儿报》《老人报》等报刊，提升了广州日报报业集团的实力。

第二，部分新闻传播事业单位开始进行跨地区兼并，从而打破了新闻媒介传统的条块设置的格局，使新闻成为流通的商品，报纸可以跨地区发行销售。

第三，为应对多种新媒体的威胁，各类传统新闻传播媒体开始进行同行业的集中和兼并，从而促使行业联合现象出现。这种模式在很大程度上增强了传统新闻传播媒体的竞争力。

第四，部分具有经济实力的新闻事业单位开始进行跨行业联合，以应付激烈的市场竞争。

2. 从相对自由竞争向垄断竞争过渡对现实的影响

新闻事业从相对自由竞争走向垄断竞争使新闻媒介从松散走向了集中。

第一，垄断竞争的出现有助于新闻媒介以雄厚的实力走向世界，并有效地和国外媒体展开竞争。我国在加入 WTO 之后，与国外各项事业的接触越来越密切，仅就新闻事业而言，随着“中国 WTO 保护期”即将结束，越来越多的外国新闻事业单位涌入中国并与中国的新闻事业单位竞争。因此，可以预见中国媒介参与国际竞争已势在必行。而垄断竞争的出现有助于我国优秀的新闻媒介联合起来，以雄厚的实力与外国媒介竞争。

第二，垄断竞争的出现有利于媒介从无序竞争逐步走向有序竞争。在相对自由的竞争格局下，新闻媒介的竞争一般是过度竞争、恶性竞争、无序竞争。这种“滥”“散”的媒介结构致使部分新闻事业内部定指标、搞奖惩；新闻事业外部则拉关系、送版面、给回扣，有些已到不择手段的地步。而在垄断竞争格局下，新闻事业集团的出现使得新闻受众市场被划分成一些较稳定、固定的区域，有利于形成较为规范的市场竞争。

第三，垄断竞争的出现对媒介结构产生了巨大的影响。在新媒体环境下，原本存在的新闻媒介重复建设现象成为新闻事业发展的拦路虎，它不仅占据了整个媒体生存空间，而且也不利于新闻传播效果的提升。而在垄断竞争格局下，新闻媒介为了不断向前发展，会采取吸收、兼并小的新闻媒介以壮大自身力量的做法，这使得新闻事业领域的新闻传播集团大量产生，从而对新闻媒介的结构产生影响。

二、融媒时代新闻事业面临的机遇与挑战

新闻事业发展到当前阶段，由于信息技术飞速发展，新闻形态、媒体业态、舆论生态都在发生日新月异的变革。当前，站在5G移动通信技术逐渐推广的发展阶段，中国的新闻事业正面临多重机遇和挑战。

（一）新闻事业面临的机遇

1. 打破了新闻传播的空间界限

在网络出现之前，中央级媒体面向全国，行业媒体面向所在的领域，地方媒体面向所在的区域，发行面受限。对一件事情进行报道的影响力，取决于刊播的媒体层次是否高、发行量是否大、是否在黄金时段播出。而在当前的新媒体时代，新闻传播完全打破了发行区域大小、发行量多寡、刊播版面或时段是否重要的限制，只要一条信息足够有吸引力，不论是发在中央媒体还是地方媒体，不论刊播在什么版面和时段，在社交媒体都能产生裂变式传播。当前，一些媒体通过创意策划推出的融媒体产品的浏览量过亿甚至达10亿，这在依靠发行量的旧媒体时代是不可想象的。

2. 新媒体发掘培育了大批读者

在信息匮乏的时代，受制于信息传播的难度，大量信息无法传达给受众。而在当前这个信息极大丰富的时代，每一台手机都是一个新闻信息终端，每个人用零碎的时间通过新闻客户端、微信“朋友圈”、社交群组了解信息，人们对信息的需求量空前增长。在新闻的定义中，“新闻是对新近发生的事实的报道”。而

随着各类直播平台的兴起，这个“新近”的时间已不再是“昨日发生”“刚刚发生”，而往往是“正在发生”。新技术条件带来的新闻时效性的增强，也极大地增强了新闻的传播力和吸引力。

3. 国际传播事业稳步前进

中国日益走近世界舞台中央，在综合国力强起来的同时，提高中国的国际传播能力和国际话语权显得十分迫切。习近平总书记重视国际传播问题，提出要加强国际传播能力建设，增强国际话语权，集中讲好中国故事，同时优化战略布局，着力打造具有较强国际影响的外宣旗舰媒体。

党的十八大以来，我国的国际传播能力建设得到高度重视。

首先，着力打造国际传播的旗舰媒体。中国国际电视台、中国日报社、中国新闻社等中央主流媒体在国际传播中不断发力，通过融媒体发展、媒体合作交流等方式有效提升了我国的国际传播能力。

其次，国际传播策略不断优化。各大主流媒体致力于推进媒体深度融合，提升议题设置水平，实施本土化战略，改进周边传播，增强合作传播能力，切实提高了我国的国际传播能力。

最后，“讲好中国故事，传播好中国声音”已成为国际传播的主导观念。在此观念影响之下，中国的故事、中国共产党的故事、新时代中国特色社会主义建设的故事在国际舞台上广泛传播，中华文化“走出去”迈出了坚实的步伐。

经过多年探索，内宣外宣体制进一步理顺，我国已打造出具有国际影响力的国际传播类媒体集群，有效提升了中华文化的海外传播效果，提高了开展国际舆论引导和舆论斗争的能力，逐渐构建起多主体、立体式的大外宣格局，我国的国际话语权和影响力得到显著提升。

（二）新闻事业面临的挑战

1. 舆论引导难度加大

当前，受到各类新媒体的冲击，传统主流媒体的议题设置能力在很大程度上被削弱，已难以具备“一锤定音”的话语权。随着近年来一些纸媒遭遇困境而“休刊”，一些电视台压缩频道，以及大量有着良好职业素养的新闻记者转行，传统主流媒体生产优质信息的“产能”遭遇挑战。随着自媒体的发展，其信息“产能”与日俱增，加之一些优秀记者转行到自媒体，一些自媒体已具备通过较为严谨的调查和信息整合发布深度报道的能力。受众从“你说我听”到“你说我疑”甚至

“你说我驳”，在一些有争议的事件中，“官方舆论场”和“民间舆论场”形成了不同的反应，主流媒体的报道被“反转”的现象也时有发生。

2. 正面热点难以形成

当前，信息技术迅猛发展、传播渠道空前扩大、新闻业态深刻变化、信息产品急剧增多，而能够引起大众关注的，往往是更能刺激眼球的负面信息，这使得“好事不出门，坏事传千里”的传播特征更加凸显。这一传播特征为弘扬主旋律的正面宣传报道的传播带来了前所未有的挑战。正面报道往往难以引起读者的兴趣和关注，这使得典型报道、成就性报道难以深入人心，正面舆论热点难以形成。

三、融媒时代新闻事业发展的策略

（一）推进产业化发展战略

为了实现我国新闻事业的发展，不断开阔融媒时代的新闻发展前景，应该积极学习西方的先进发展方式，采取产业化的发展战略。为此应该从以下几个方面采取措施。首先，要派遣相关人才积极前往国外进行相关考察，要借鉴西方发展新闻事业的相关经验，要在学习西方的先进发展方式的基础上结合我国的具体国情来发展新闻事业；其次，要在有关人员的共同努力之下采取产业化的发展战略；最后，要在我国产业改革的发展机遇下积极进行新闻产业链的构造和产业结构的调整，推动产业化发展战略的实施。只有学习西方的先进方式才能解决我国新闻事业中发展模式不合理的问题，只有采取产业化的发展战略才能推动我国的新闻事业进一步向前发展。

（二）坚持守正创新

2018 年 8 月，习近平总书记在全国宣传思想工作会议上发表重要讲话，指出宣传思想战线进入了守正创新的重要阶段，强调“推动宣传思想工作不断强起来”。发展社会主义新闻事业，“守正”是基础，“创新”是关键。面对纷繁芜杂的新媒体舆论环境，应牢牢把握“正能量是总要求、管得住是硬道理、用得好是真本事”的重要原则，新闻机构和新闻工作者要坚持守正创新，从“正能量”“用得好”上下功夫，既要“正能量”又要“有流量”。

守正，即坚守正道，是发展社会主义新闻事业的根基。无论媒体格局和传播环境如何变迁，新闻报道都必须坚守正确的政治方向、坚守新闻人的社会责任，真正做到政治方向“正”、舆论导向“正”、新闻志向“正”、工作取向“正”。

创新，即独辟蹊径，是推进社会主义新闻事业的源泉。需要在遵循新闻传播规律和满足用户习惯的基础上，创新话语方式和传播手段，把握时代脉搏、展现时代风采、开拓新闻事业的新局面，让正能量的报道发得出、传得远、有流量、被信服。创新需要把握网络规律，坚持“时度效”的原则，在宣传价值与新闻价值之间找到平衡点，生产出更多优质的新闻产品，体现新闻的政治高度、思想深度、社会温度、创新力度。

（三）加快新闻专业人才的培养

人才是21世纪的重要资源，其在推动新闻事业发展模式创新的过程中发挥着十分重要的作用。当前，我国新闻事业的发展面临着诸多问题，专业的新闻人才特别是在网络传媒影响下的新型人才十分缺乏。所以相关人员要积极采取措施加快人才的培养，只有这样才能促进我国融媒时代的新闻事业的发展。

为此，应该从以下几个方面着手采取措施。首先，新闻专业人才应参加职业技能培训，提高自身的职业技能和综合素质，只有这样才能更好地推动新闻事业的发展，积极为新闻事业的发展做贡献；其次，我们需要为新闻专业人才的培养投入相应的资源和资金，促使新闻专业人才积极发挥自身的主观能动性，积极学习西方先进的发展方式。

第三节　融媒时代新闻传播的发展策略

一、加快网络技术的更新

网络技术的飞速发展，新媒体的广泛普及，要求新闻传播在技术更新上必须追求快速高效，实现多种媒介的有效整合，用最新最好的编辑软件编辑传播新闻资讯。另外，也要有效利用微博、微信等传播形式，开创新闻传播的新模式。

二、增强传播的互动性

新闻传播应大胆有效地利用自媒体和新媒体的方式，增强新闻传播的互动性，增强受众参与性，研究受众的阅读兴趣，使新闻传播真正面向大众，提升新闻传播的影响力和社会价值。

融媒时代，新闻传播发生了巨大变化，在融媒体的大环境下，新闻传播呈现出即时性、个性化、互动性等特点，对于新闻工作者提出了更高的要求，其面临更大的挑战。对于未来新闻传播的发展，媒体人要有创新思维和社会责任感，大力推动新闻事业快速向前发展。

三、整合新闻业务流程

随着近十多年来我国政策法规的逐步放开，媒体之间的跨区域跨媒体合作形式开始增多，我国的媒介融合以集团化的表现形式为发端，从2003年开始，我国一大批跨地域、跨行业的大型综合传媒集团纷纷建立，涉足报纸、广播、电视、手机、网络等多种业务，涵盖面十分广泛，这些传媒集团将以往独立运作的媒体通过水平整合的方式融合在一起，融合实践逐步成为我国传媒改革的主要趋势。

从本质上说，媒介融合是传播技术的融合，即两种甚至是多种已有的传播技术融合在一起后形成某种新的技术，而“真正意义上的媒介融合，必然将消除新闻出版业、广播电视业、娱乐业、信息产业的传统行业壁垒，使众多关联产业共同整合在内容产业的旗帜之下”。传统媒体的内容影响力仍旧不容小觑，内容为王的铁律也同样适用于新媒体，因此在媒介融合的新形势下，将传统媒体与新媒体的内容资源进行有效整合，在以用户为中心的理念倡导下，注重传受双方的互动过程，找准自己的立足点，在新闻生产过程中不断创新思维，成为未来发展的主要趋势。

新闻报道工作历来就是一项与时俱进的创新实践活动，传统媒体与新媒体之间的竞争致使媒介生产内容愈加丰富化，一方面，新闻内容是否新颖多样，直接关系着受众对媒体的关注度和忠诚度，所以只有哪个媒体的报道更快些、观点更独到些，哪个媒体才更吸引人，除了报道时速外，另一方面，“如今内容竞争的重点已经由独家素材、独家新闻、独家资源的竞争转变为独家选择、独家制作、独家组合、独家视角、独家观点的竞争”。

所以，融合新闻作为媒介融合发展的具体产物，在未来发展上更应注重在内容生产方面的革新，通过建构起不同类型媒体之间相互联系的纽带，以资源共享的方式实现产品优势互补。新闻工作者同时也要学会根据目标受众的价值定位和社会立场来决定媒体的信息采集、处理和话语表达，在新闻策划、报道采访、产品制作、媒体发布、广告营销这几个环节做好统筹规划工作，整合各种媒体形式，并且要使采集到的信息资源在各媒体上得到合理分配，制作适合不同媒体特质的新闻产品，统合利用各个媒体的传播渠道，以最佳组合的方式实现为目标受众提供定制化的服务，最大限度地开发媒介内容产品的内在价值，通过机制创新带动内容创新，最终实现共赢。

四、推进新闻综合频道新媒体融合发展

在媒介融合背景下，新闻综合频道必须深刻理解“互联网+”“三网融合”“媒体融合”等发展理念，以互联网思维为引导，从内容、渠道、平台、经营、管理等五个方面与新媒体进行深度融合，全面转型升级。

在媒体融合理念的指导下，新闻综合频道新媒体融合发展可以重点从以下五方面着手。

（一）差异生产，资源共享

内容是一切媒体赖以生存的根本，也始终是受众关注的核心，因此在新闻内容生产方面，必须要坚持传统电视媒体原创、真实、准确、精致、权威的原则，保持新闻综合频道作为主流媒体所发布的电视新闻内容具有真实性、权威性、敏锐性、深刻性、全面性的特点。

个性化、品牌化的电视节目内容始终是吸引力的源泉，这一点毋庸置疑。不过，同样的内容不会适合所有平台，因此，在新闻采编一线的记者编辑要按照电视、微博、微信等不同媒体平台的特点，整合各类媒体资源，进行差异化生产，重点突出和利用各媒体平台的不同优势，如微博适合快速发布短小精悍的内容，遇突发事件时，为保证时效，可以按照事件进展的时间顺序迅速而连续地发布精短微博，形成一种“连续剧”式的组合报道；微信适合发布图文并茂、视听结合的深度报道，对于某些调查类、专题类报道可以先专门针对微信平台进行精细化编辑，然后再发布，以吸引中高端用户；电视媒体最强的优势之一是现场直播，一切适合电视直播的活动都要尽量采取直播形式进行报道，在电视直播时，一定要结合微博、微信等新媒体平台进行实时互动，以达到双赢或多赢的效果。在差异化生产后，把所有新闻产品全部存储在媒资库中，实现“云共享”，以便于按不同平台的需求随时调取或分配内容。

（二）主动开发，力求便捷

在渠道建设方面，首先统合新闻综合频道现有的电视播出渠道和微博、微信渠道，安排专人负责，做到专业管理，力求所有渠道有问必答、有闻必录、有求必应，彻底打通频道、栏目及各渠道之间的桥梁，做到互联互通。

其次，除利用好现有新媒体平台外，根据各渠道用户的不同特点，主动出击，努力开拓各类门户网站、视频网站、社交网站、户外屏幕、车载电视、公交电视等新的媒体渠道，做到“一云多屏”，即同一电视内容用多种形式呈现，利用多渠道发布，尽最大可能扩大频道电视节目内容的覆盖面和受众接触面，提高通过各种渠道获取频道电视节目的便捷性。

（三）用户为上，服务为纲

面对激烈的市场竞争，任何媒体都必须重视平台建设和用户体验。电视媒体平台、网络播出平台和所有新媒体平台，都必须根据各自核心用户群体的需求，开发不同的节目类型或者版块，比如电视媒体平台的中老年用户较多，那么就可以专门针对中老年，推出保健养生、寻医问药类版块；新媒体平台年轻用户较多，就专门针对年轻人推出就业、教育、交友等各类服务性版块；同时通过微博、微信等新媒体平台的拓展功能，主动为所有观众、“粉丝”、用户提供尽可能丰富的生活服务项目，比如天气预报、信息中介、商品交易、游戏娱乐等，平台的优质服务是吸引并留住用户的根本。

电视媒体还要主动与用户实时互动，鼓励一切互动行为，满足一切互动需求，互动越多越深越广越好。通过高度融合的媒体平台，最大限度地满足用户的服务需求，保持用户对频道各平台的忠诚度。

（四）优势互补，融合推广

以电视频道与新媒体融合发展为契机，彻底转变传统的经营理念和思路，改变以刊播广告为主要收入来源的落后局面，变媒体经营为经营媒体，让传统电视节目与各新媒体平台资源实现优势互补。

作为电视节目内容提供商，建立基于版权内容的增值体系，统一进行频道电视与新媒体平台的整合营销，融合推广，互相促进。除刊播广告外，利用电视与新媒体平台融合的优势，积极开展多种经营方式，通过策划会展、举办评选等各类线上线下活动，拓展新的创收渠道，针对广告客户量身打造推广方案，利润共享、风险共担，互利共赢。

通过新媒体平台的功能版块满足受众的内容延伸性需求，比如组织商品团购等对接社群经济模式，找到有效盈利点，同时专门针对新媒体“粉丝”进行互动推广，经营“粉丝经济”，在取得社会效益的同时，注重经济效益，使频道的事业与产业发展齐头并进。

（五）分工合作，分配科学

针对目前个别广播电视台各栏目新媒体平台管理混乱、缺乏整合的状况，必须选用专门人才进行专业管理。

首先，规范内容管理，频道所有新媒体平台的核心内容生产必须标准化、规范化、融合化，发布要常态化。

其次，创新融合管理机制，改革电视节目的生产流程，必须在采访、编辑、播出的所有环节都加入新媒体元素，随时与新媒体平台对接，各平台分工合作，保证内容及时、高效、有特色、有针对性地发布，各平台联手抢占媒体市场。

最后，创新产品评价机制和考核体系，在融媒时代，以收视率为中心的单一评价模式已经不能适应未来媒体融合发展的需求，必须整合统计信号覆盖率、电视节目收视率、网络点击率、信息到达率、图文阅读率、互动转发率以及电视播出平台与新媒体平台的市场份额等多种数据，并把这些数据纳入绩效考核标准体系，建立一整套公平、合理、科学的评价与分配机制，以充分保证所有员工的积极性。同时还可以以大数据为基础，管理和指导各平台的内容科学化生产。

第四节　融媒时代新闻传播的变革

一、传统媒体的变革

在融媒时代，以网络和手机为代表的数字化新媒体发展迅速，并在与传统媒体不断融合的过程中快速挤压传统媒体的生存空间。不仅平面媒体，传统的广播电视媒体如今也面临着严峻的生存压力，面对媒体融合的大趋势，传统媒体应从以下几个方面进行变革。

（一）重新定位角色

媒体融合在很大程度上是一个传统媒体与新媒体博弈的过程。虽然新媒体在市场份额等方面对传统媒体造成了很大的冲击，甚至大大缩小了传统媒体的生存空间，但新媒体并不会取代传统媒体，传统媒体也不会自行消亡。面对媒体融合背景下新媒体的挑战和挤压，传统媒体首先要做的，是在新的媒介生态环境中重新进行角色定位。

媒体融合促进了整个媒介生态环境的大变革。在传统媒体时代，报刊、广播电视等传统媒体几乎覆盖了整个媒介受众市场，再加上信息来源的垄断性和内容资源的有限性，传统媒体可以很容易地进行“点对面”的大众传播，而不需要过多考虑受众的个性化需求。而在新媒体时代，用户不仅可以通过互联网和手机等新媒体免费获取传统媒体上的大多数信息资源，而且还可以同媒介或其他用户进行信息互动。随着新媒体的广泛应用，并不断向传统媒体渗透，传统媒体所构建的媒介生态逐渐被新媒体所主导的媒介生态所取代。

（二）主动融入新媒体

在融媒时代，新旧媒体呈现出不断融合的趋势，而在这一过程中，新媒体占主导地位。正因如此，传统媒体只有主动向新媒体渗透和融合，才能避免被新媒体取代的命运。面对新媒体的冲击，越来越多的传统媒体也意识到这一点，开始向新媒体渗透。

例如，在报业领域，不断开拓网络版。传统报纸还利用手机媒体创办手机报，也为报纸媒体找到了一条盈利新路。在广播电视领域，广播电视的数字化让传统广电业获得了新生，数字电视、IPTV 成为传统电视发展的新方向。此外，传统电视也在向网络媒体和手机媒体渗透，网络电视和手机电视为传统电视提供了广阔的传播平台。

传统媒体向新媒体渗透和融合是媒体融合的必然要求，传统媒体也可以通过融入新媒体获得更大的发展空间。然而，传统媒体在向新媒体融合的过程中面临着诸多问题，为解决这些问题，传统媒体应做到以下几点。

第一，传统媒体融入新媒体，不应仅仅停留在借用终端和平台等层面，而应注重产业链各环节的互补和联动。例如，目前传统报纸融入新媒体，多是借助网络、手机等新媒体终端，注重的是新媒体的平台优势和渠道优势，而忽略了新媒体的海量信息资源优势。如果传统媒体充分利用新媒体的这一内容资源，加上本身强大的信息内容整合和编辑能力，必然能为自身创造更多高质量的内容产品。

第二，传统媒体在融入新媒体的过程中，必须以传统媒体本体为立足点。传统媒体主动融入新媒体，并不是用新媒体取代传统媒体，而是要借助新媒体的终端平台实现传统媒体的再发展。也就是说，传统媒体无论怎样数字化和网络化，都要以本体的发展为基础，否则就是舍本逐末。

第三，传统媒体融入新媒体，应充分结合新媒体的传播特点，而不是对传统媒体的照搬照抄。例如，许多传统报纸的网络版，就是把每期的纸质版报纸原封不动地搬到网站上，这样不仅不能对纸质报纸起到任何促进效果，反而可能会由于网络版报纸的免费性和便利性损失纸质报纸的读者。

（三）进行产业链重组

媒体融合在改变了整个媒介生态环境的同时，也改变了传统媒体在媒介生态中的地位和作用。从某种意义上说，在融媒时代，整个信息传播体系是一个整体、一个系统。在这一信息生产和传播系统中，媒体融合让各种媒介成为整个信息传播产业链前的一环，无论是传统媒体还是新媒体，都有其相应的产业链地位和角色。

对于传统媒体来说，尽快地找到适合自己的产业链角色并进行产业链升级重组，是其在媒体融合的大环境中持续发展的关键。由于高品质的内容资源是传统媒体的核心竞争优势，因此，传统媒体有必要以内容生产为核心进行产业链重组，建立以内容产品为基础的业务体系。当然，传统媒体在进行产业链调整时，除了要以内容生产为核心，还必须注重与其他产业链环节的配合，尤其是应注重同新媒体渠道运营商和平台运营商的联动。

传统媒体与新媒体在融合过程中往往会出现两种极端。一是传统媒体完全将新媒体作为本体内容的复制、传播平台，新媒体的内容全部是传统媒体的机械照搬；二是传统媒体完全向新媒体转移，不仅用新媒体终端取代传统媒体终端，而且在经营理念、盈利模式等方面也“新媒体化”，失去了传统媒体的固有优势和产业基础。这两种极端情况都是传统媒体在进行产业链整合时需要避免的。

二、新闻传播变革中面临的问题

媒体融合一方面改变了媒介生态环境，另一方面也带来了诸多媒介失范问题，主要包括以下几点。

（一）信息失实问题

新媒体传播的门槛较低，每个人都可以成为信息的发布者，因此信息的质量良莠不齐，存在大量虚假信息，让人难辨真伪。而媒体融合一方面加速了这些虚假信息成为谣言的进程，也加快了谣言的传播速度；另一方面，一些传统媒体对网络媒体中的失实信息不加辨别地采用和传播，也在很大程度上扩大了失实信息的影响力，带来了负面的社会效应。

（二）信息安全问题

新媒体在给媒体融合带来主导动力的同时，也引发了媒体信息安全问题。无论是互联网还是手机，如今都面临病毒攻击的威胁。计算机病毒问题存在已久，虽然市面上有各种各样的杀毒软件，但是病毒的传播速度远远超出了人们的想象，病毒无时无刻不在干扰着人们的媒介使用，盗取用户的个人信息，为网络犯罪提供技术支持。

（三）信息环境污染问题

垃圾信息是新媒体面临的重要问题，而媒体融合更是加剧了这些信息的传播。在网络空间中，海量的信息令审查困难重重，一些网站为了获得高点击率而成为非法信息的传播者。同样，内容提供商和手机运营商也看中了手机媒体的广大市场，而利用淫秽色情信息吸引用户点击、购买，获得非法利益。垃圾信息则是伴随新媒体产生的一种营销手段，广告商未经用户许可所发送的大量垃圾邮件、垃圾信息，干扰了用户的正常生活，更有甚者利用垃圾信息实施诈骗行为。

（四）侵犯公民权利问题

媒体融合在一定程度上增加了媒介形态和传播途径，尤其是博客、播客、微博等社会性传播媒介的出现，为用户提供了更加丰富多彩的个人服务，但同时也带来了一系列问题。例如，网民可以在个人空间随意发布任何言论，这有可能造成对公民隐私权、名誉权等人格权的侵犯。由新媒体所引发的侵犯人权的问题，如果再被传统媒体传播甚至渲染，势必大大增加其危害性。

（五）知识产权侵权问题

知识产权侵权问题一直是我国文化产业的一大隐忧，媒体融合的加速，使得我国知识产权侵权的问题更加严峻。媒体融合带来了媒介边界的消解，同时也使得各种不同媒介的内容资源能够更加顺畅便利地流通、共享和传播。在这一过程中，相关法律规定的缺位造成了媒介内容使用上的知识产权问题。媒体融合所触发的知识产权侵权问题主要可以归为两大类：一类是网络、手机等新媒体对传统媒体内容资源的侵权使用；另一类则是传统媒体对新媒体内容资源的侵权使用。

三、新闻传播变革措施

（一）传媒规制要有预见性和先导性

在融媒时代，媒体环境和传媒格局瞬息万变，因而对媒体环境起规范、监督和指导作用的传媒规制也不能被固化，而是应该做到既具有现实指导功能，又具有对未来媒介发展的预见性和先导性。这就要求传媒规制的制定者在制定政策时准确研究媒体融合所带来的传播格局的改变情况，同时也要对未来传媒的发展方向具有相当的判断力和洞察力。

（二）“放松”与“约束”结合

在媒介融台的大背景下，放松管制是传媒规制发展的必然要求。放松管制是为了放开竞争，顺应媒体融合的市场发展规律。但是，媒体融合背景下的放松管制并不是毫无区分地放宽规制，媒体融合所催生的新的媒介生态环境更需要科学、合理、有针对性的法律法规进行监督、规范和引导。放松管制是为了给媒体融合创造宽松的发展空间，但如果仅仅是放松管制，而不对媒体融合之后的媒介环境进行约束和监督，势必引发媒体失范问题。因此，在媒体融合的背景下，要做到放松管制与加强约束相结合。

（三）与现实传播格局充分互动

实践表明，传媒规制的放松能够促进媒体融合，媒体融合的实践也能影响传媒规制。对于传媒政策的制定者来说，传媒规制需要与媒体融合实践和现实传播格局进行充分互动。只有这样，传媒规制才既能顺应媒体融合的发展趋势、推动媒体融合进程，又能在最大程度上起到监督、规范媒体融合的作用。

政策规制是“一个与现实传播格局对应并经过互动而不断演化的系统，不同的传播格局需要不同的规制体系”。在媒体融合进行之前，媒介生态环境或传播格局是各媒介实体相互独立、相互分割的。相应的媒介规制也是建立在这样的传播格局之上的。由技术创新和市场对利润最大化的追逐所推动的媒体融合，一方面改变了既有的传播格局，并反作用于传媒规制；另一方面，媒体融合实践本身也给传媒规制形成压力，使得规制革新势在必行。

参 考 文 献

[1] 刘宝珍．新闻传播理论探索与实践研究 [M]．武汉：华中科技大学出版社，2016.

[2] 左晶．新媒体时代新闻传播业的变革 [M]．北京：知识产权出版社，2016.

[3] 中国广播电影电视社会组织联合会，中央人民广播电台．广播媒体创新发展的实践探索与理论思考 [M]．北京：中国广播影视出版社，2016.

[4] 强荧，吕鹏．新闻与传播学国际理论前沿 [M]．上海：上海社会科学院出版社，2017.

[5] 孙惠敏．当代环境文化与新闻传播研究 [M]．杭州：浙江大学出版社，2017.

[6] 张梅珍．全媒体时代的传媒发展与新闻传播教育重构 [M]．武汉：武汉大学出版社，2017.

[7] 谢金文．新闻传播新探：移动时代的新闻理论与实践 [M]．上海：上海交通大学出版社，2018.

[8] 郭全中．新媒体环境下传统媒体的转型战略研究 [M]．广州：中山大学出版社，2019.

[9] 张聪．融合与发展：数据时代的新闻与传播 [M]．北京：知识产权出版社，2019.

[10] 高晓虹，刘宏，赵淑萍，等．中国新闻传播研究：新时代时政新闻传播 [M]．北京：中国传媒大学出版社，2019.

[11] 李彦冰，周春霞．新闻传播专业思政的理论与实践 [M]．北京：知识产权出版社，2020.

[12] 梁智勇，朱春阳．移动互联网时代新闻传播发展趋势研究 [M]．上海：复旦大学出版社，2020.

[13] 张士哲，王晓鹏，吕晓璐，等．融媒时代融合新闻的传播效应与问题研究 [J]．西部广播电视，2016（20）：33-34.

[14] 徐晨，陈江萍．论融媒时代电视新闻摄影对新闻传播力的构建 [J]．今传媒，2016，24（11）：130-131.

[15] 胡正荣．面向融媒时代的新闻传播教育 [J]．新闻与写作，2017（04）：1.

[16] 王文. 新媒体时代纸媒新闻传播影响力的回归探究 [J]. 新闻传播，2018（09）：43-44.

[17] 李德凤. 论融媒时代下电视新闻传播“正能量”的问题及对策 [J]. 传播力研究，2019，3（07）：50.

[18] 李博芬. 浅析融媒体背景下的新闻传播变革 [J]. 新闻研究导刊，2019，10（08）：139.

[19] 王涛. 探析自媒体新闻传播对传统新闻传播的冲击 [J]. 现代交际，2019（21）：105-106.

[20] 张波. 新形势下纸媒新闻传播的创新策略 [J]. 新闻研究导刊，2019，10（24）：255-256.

[21] 刘晓楠．探索高校在融媒时代对新闻传播人才培养模式 [J]．传播力研究，2019，3（34）：258.

[22] 王璇 . 融媒时代数据可视化对新闻传播的影响 [J]. 记者观察，2020（05）：13.